はつこひ

# 박지시전 1

허영만

들어가는 글

# 부자의 길은 멀고도 가깝다

부자였던 사람이 어느 날 아주 어려워지기도 하고, 가난했던 사람이 갑자기 부자가 되기도 한다. 이렇듯 부자는 영원하지 않을뿐더러 부자가 아니라고 해서 영원히 가난에 찌들어 일생을 끝내는 법도 없다.

우리는 기회의 땅에서 살고 있다. 집중해서 주위를 지속적으로 살피면 돈이 될 만한 구석이 눈에 띄기 시작한다. 종자돈을 모으는 것은 쉽지 않지만 손에 여윳돈이 생기기 시작하면 3을 5로 만들고 싶고 7을 10으로 채우고 싶은 욕심이 생긴다. 재산에 '0'이 하나씩 늘어갈수록 생활이 윤택해지고 마음이 여유로워진다.

한상복 씨의 『한국의 부자들』에서 제시하는 돈을 모으는 가장 간단한 방법은 '수입의 절반을 무조건 저금한다'는 것이다. 특별한 공부가 따로 없고, 무조건 안 쓰고 안 보고 안 먹는 것이다. 그렇게 10년을 참고 견디면 5년 치 월급이 고스란히 남는다. 간단하지만 무섭고 확실한 계산이다.

마음먹기에 따라 부자의 길은 멀고도 가깝다. 순간의 인내로 풍요로운 일생이 보장된다면, 열 번 백 번 도전해볼 일이다. 천 번 만 번 도전해볼 일이다.

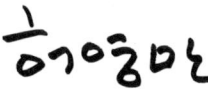

## 머리말

누구나 부자가 될 수 있다.
그러나 누구나 부자가 되지는 않는다.

그럼 누구는 부자가 되고
누구는 부자가 못 될까?

지금부터 그 얘기를
나누기로 하자.

이렇게 쉬운 걸 지금껏 뭐하고 있었나
싶을 정도로 아쉽기도 했다.

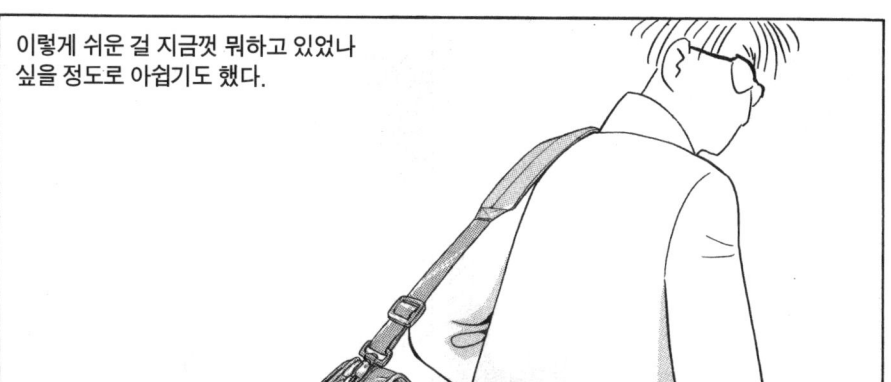

그래서 작심했다.
독자들과 함께 부자가 되는
길을 가겠노라고.

## 부자 소질 테스트

결과는 다음 페이지 ▶

1. TV 홈쇼핑을 이용해 물건을 구입하지 않는다. 직접 가는 편이다.
2. 구체적인 목표를 정하고 목돈을 만들기 위해 저축한다.
3. 수입의 50% 이상을 저축하고 있다.
4. 물건을 살 때 세 번 이상 생각한다.
5. 물건을 살 때 반드시 깎으려 한다.
6. 좋은 차로 바꾼 친구를 부러워하지 않는다.
7. 돈 많은 사람이 돈을 쓰는 것에는 문제가 없다고 생각한다.
8. 한 해에 내가 낸 세금(원천징수 등)이 얼마인지 알고 있다.
9. 종합소득세를 내고 있다.
10. 세금에 대한 상식이 있으며 절세하는 법을 알고 있다.
11. 시중 은행의 이자율이 몇 %인지 알고 있다.
12. 절약이 몸에 밴 부모 밑에서 자랐고, 부모 생각에 동의한다.
13. 돈을 열심히 버는 목적은 가정의 행복과 건강이다.
14. 돈을 아끼고 열심히 모으는 배우자와 함께 산다.
15. 투자에 밝은 친구 혹은 부자 이웃이 있다.
16. 일찍 자고 일찍 일어난다.
17. 돈을 아끼는 이유는 항상 아껴쓰는 자세가 중요하기 때문이다.
18. 남들로부터 성실하다는 평을 받고 있다.
19. 한 번 세운 원칙은 꼭 지키는 편이다.
20. 주식 투자 시 기대 수익률은 20~30%가 적당하다.

### 부자 소질 테스트 결과

- **17개 이상** : 당신은 이미 부자다. 이 책을 볼 필요가 없다.

- **10개~16개** : 상당한 소질을 갖고 있다. 부자의 길목에 접어들었다.

- **5개~9개** : 이제 부자로서의 삶에 눈뜨는 단계다.
  부자를 연구하고, 실천하라.

- **5개 미만** : 부자로 가는 길과 반대로 가고 있다.
  그러나 지금부터 시작해도 늦지 않다.

테스트 결과 당신은 몇 개를 실행하고 있는가?

나는 아홉 개였다.
'부자를 연구하고, 실천하라.'

여기서 한두 개 이상 더 얻으면
'상당한 소질을 갖고 있다.
부자의 길목에 접어들었다'로 변한다.

나는 고무돼 있다.

10년은 금방 흘러간다.

10년 후 부자가 되기로 작정한다면 앞서간 부자에게 10년 뒤져 있고 10년 후 부자가 되었다면 앞서간 부자에게 20년이 뒤지는 것일까? 아니다. 그 간격은 40년 이상이다.

부자들에게 흠잡을 데만 있는 것은 아니다. 그들은 원칙을 세우고 철저히 지킨다. 성실, 신용, 절제, 인내, 책임.

우리들에게 부족한 것이 없나 살펴보자.

원칙이 있더라도 잘 지켜지지 않는 것이 있는지 살펴보자.

## 차례

- 들어가는 글—부자의 길은 멀고도 가깝다  4
- 머리말  7
- 프롤로그  20

겨울이 오기 전에 양털을 깎아라  30
주위에 열성 팬을 만들어라  43
신용만이 살 길이다  60
끼·깡·끈·꼴·꿈을 키워라  73
낙관적인 삶을 살아라  94
누구에게나 미래는 두렵다  111
독불장군 부자는 없다  124
부자가 더 큰 부자 된다  141
이미 늦었다는 말은 없다  155
월급쟁이 때부터 사장의 눈높이에 맞춰라  179

돈 버는 공부 삼각함수보다 어렵다　196
돈 자랑을 하지 않는다　212
원칙을 칼처럼 적용하라　232
한번 온 기회는 절대 놓치지 않는다　245
부지런함은 기본이다　256
무자비함을 배워라　277
큰손들의 부동산 투자 노하우　290
거꾸로 생각하라　319
투자에 부화뇌동은 없다　332
돈은 머리가 아닌 발로 벌어라　351

## 프롤로그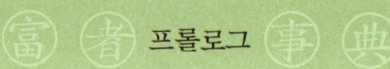

정말 부자가 되고 싶은가?

한국의 부자들은 어떤 사람들일까?

공부를 많이 했을까, 용돈은 얼마나 쓸까, 식사는 하루에 네 번 할까, 다섯 번 할까, 어떻게 돈을 벌었을까, 번 돈을 어떻게 불렸을까, 보석은 얼마나 갖고 있을까?

TV 드라마에서 흔히 보는 장면

항상 화장한 얼굴

근엄한 표정

그들의 옷차림은 항상 자유스럽지 못해 보인다.

이탈리아제 가죽 소파, 바닥은 대리석, 페르시아산 카펫, 가정부.

자식들은 고급 스포츠카에 유흥업소에서 흥청망청.

바깥주인은 젊은 애인.

마나님과 딸은 면세점에서 싹쓸이 쇼핑.

그들은 가족이 아닌 동거인처럼 보인다. 이기적인 반면 도덕적이지 못하다.

| | |
|---|---|
| 드라마에 나오는 부자같이 실제로 부자들이 그렇게 살까?  | 아니다. 현실은 드라마가 아니다. 부자들은 드라마처럼 살고 있지 않다.  |
| 자수성가형 부자 143명을 만났고 100명의 샘플을 추려서 정리했다. 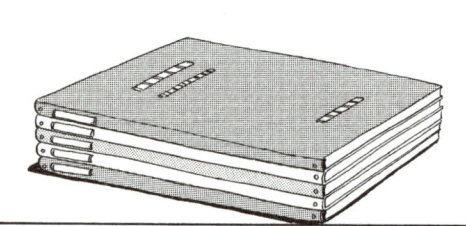 | 부자들은 성공이든 실패든 갑작스러운 것이 없다. 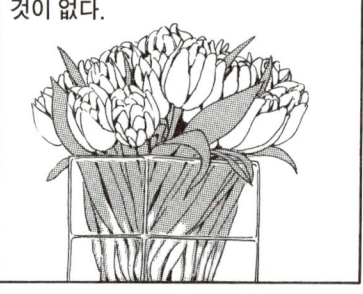 |

이들에게도 삶은 고난이고 각박하다.
액수만 다를 뿐 너나 나나 모두 어렵다.

"100억이 있어야 하는데." ←재벌

"무슨 소리, 난 100만 원 있으면 좋겠다." ←없는 사람

"난 1억이 부족해." ←보통부자

재산은 20억에서 1천억 사이.

이들은 외관상으로는 평범해 보였지만 재산을 모으는 과정에서 보여준 인내는 결코 평범한 수준이 아니었다.

지금부터 부자들의 비밀을 엿보자.

부자를 꿈꾸는 당신. 부자들의 습관을 배우고 따라하면 5년 후, 10년 후, 어쩌면 20년 후에 당신도 부자대열에 끼어 있을 것이다. 생각만 해도 신나지 않은가!

도시의 수천 개가 넘는 4층 이상 건물에
주인이 제각각 있다는 사실을 기억하자.

부자들을 따라 배우면서
1층, 1층 쌓아가면

곧 4층에 서 있는 자신을
발견하게 될 것이다.

위에서 아래를 내려다보는 맛,
생각만 해도 신나지
않은가!

대한민국 알부자 100인의 돈 버는 노하우

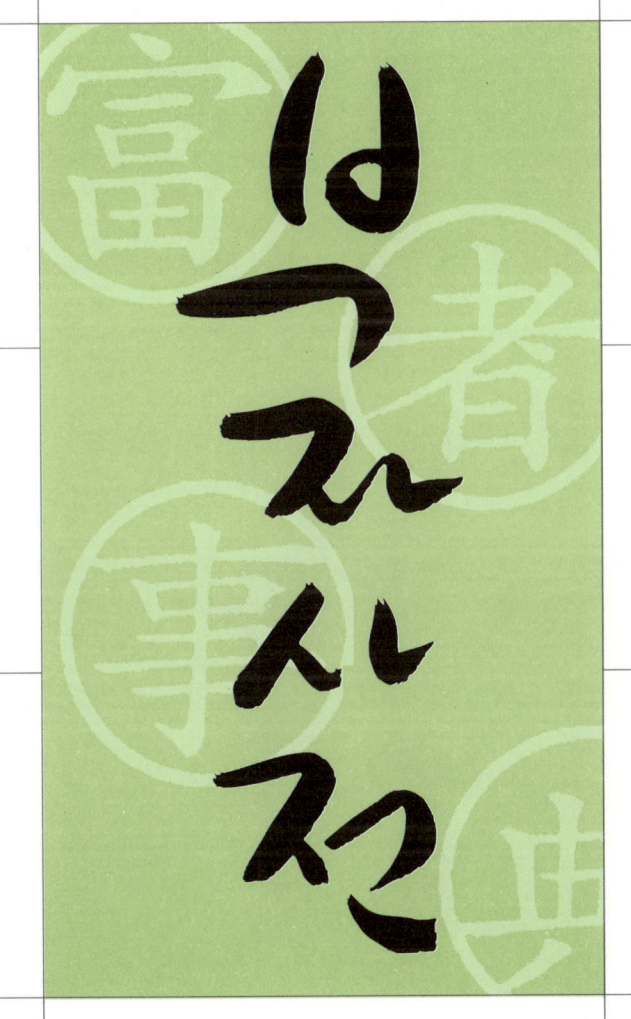

자수성가한 부자들의 노하우를 훔쳐라

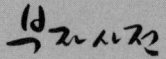

# 1

# 겨울이 오기 전에
# 양털을 깎아라

"영광의 순간을 경험하고 싶다면 과감해져야 한다.
설령 실패하더라도 어정쩡한 삶을 산 이들보다 훌륭하다."

― 테오도어 루스벨트 ―

뉴질랜드에서는 겨울이 오기 직전에 양털을 깎는다.

여름에 깎으면 겨울이 오기 전에 털이 자라 양이 춥지 않게 지낼 텐데 하필 겨울 직전일까?

으~ 추워.

늦가을의 털이 품질도 좋지만 양들의 생명을 보호하기 위해서다.

이불 다 벗겨놓고 보호한다고?

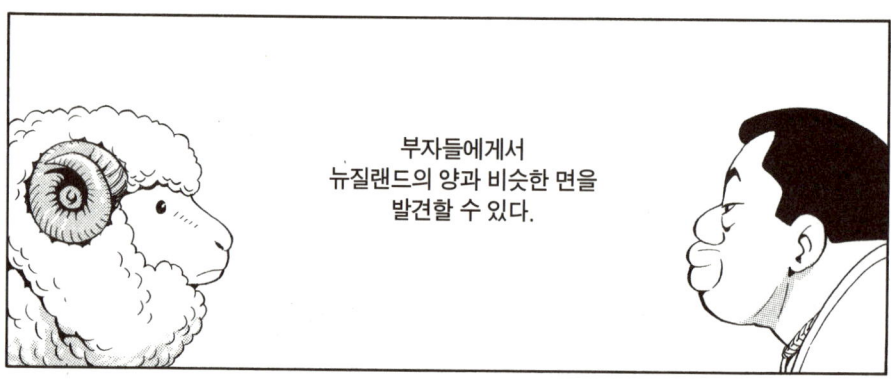

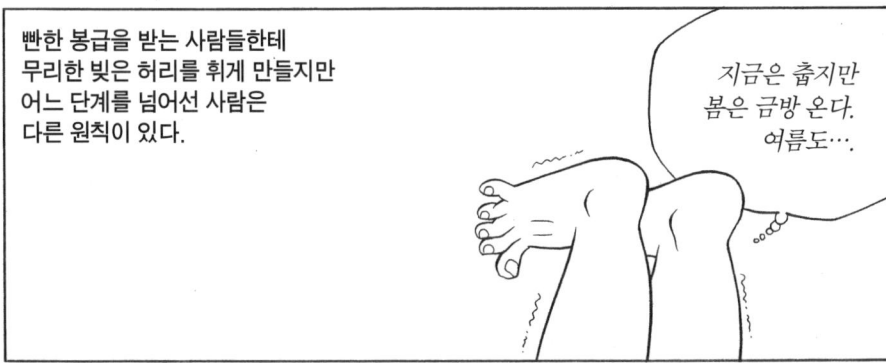

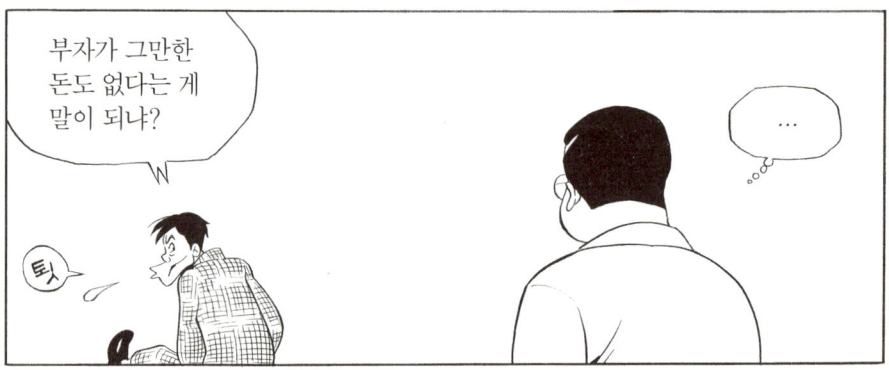

원래 뭘 사면 마냥 갖고 있는 성미도 한몫했으리라.

난 투기꾼이 아니잖아.

그러던 것이 어, 어, 어 하는 사이에 1만 2천원까지 내려갔다.

!!!!

더 참지 못하고 주식을 팔았다.
지금 그 주식값은 만 원 이하다.
4천만 원이 1억 6천만 원이 됐다가
1천2백만 원밖에 남지 않았다.

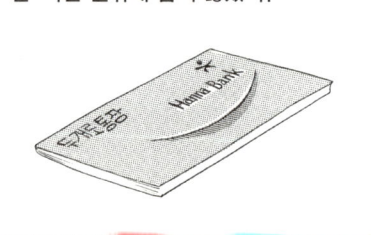

주식을 사기 위해서 팔았던 골프회원권은 그 사이에 2억 2천만 원이 됐다.

김민성 씨에게 기회는 두 번 있었다.
주식을 사지 않고 골프장 회원권을 그대로 갖고 있는 것 하나,
주식이 올랐을 때 파는 것 하나. 그러나 둘 다 놓쳤다.
이것이 부자와의 차이다.

다른 데 돌려!

다음 도표를 보자.
빚에 대한 부자들의 생각이다.

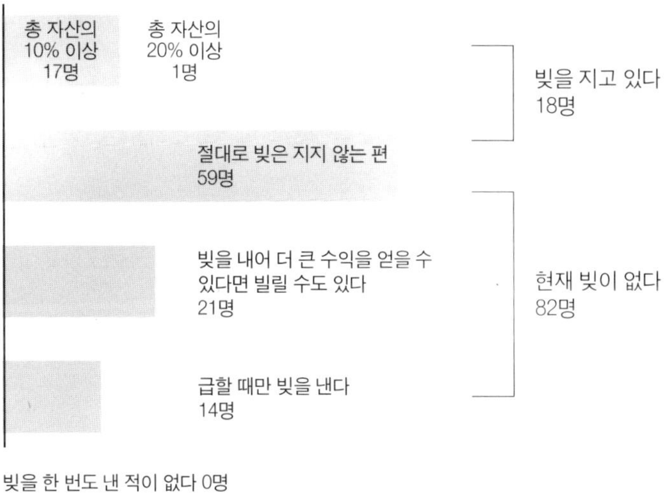

| | |
|---|---|
| 총 자산의 10% 이상 17명 | 빚을 지고 있다 |
| 총 자산의 20% 이상 1명 | 18명 |
| 절대로 빚은 지지 않는 편 59명 | |
| 빚을 내어 더 큰 수익을 얻을 수 있다면 빌릴 수도 있다 21명 | 현재 빚이 없다 82명 |
| 급할 때만 빚을 낸다 14명 | |

빚을 한 번도 낸 적이 없다 0명

여러 가지 유형이 있다.
그러나 '빚을 한 번도 낸 적이 없다'라는 사람은 한 명도 없었다.

'절대로 빚은 지지 않는 편'의 59명은 지금 넉넉하니 남의 돈을 쓰지 않겠다는 현재의 입장일 뿐이다.

부자사전 39

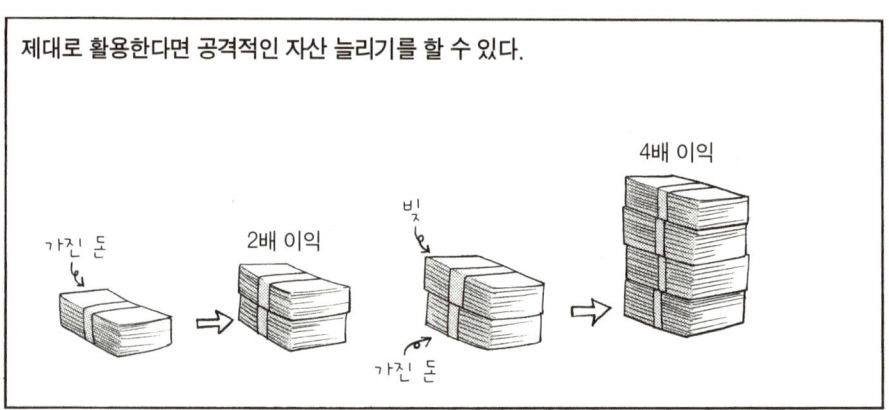

부자들은 좋은 기회를 놓치지 않는다.
빚을 내서라도 달려든다.
다만 힘들지만 갚을 수 있는
확실한 범위 내에서….

'위험한 장사가 마진이 높다'고 한다.
바꾸어서 말하면 단번에
높은 이익을 바라보다간
쪽박 차기 쉽다는
말이다.

자신 있는 일,
잘 아는 일을
찾아서 하되
차근차근 하는
것이 중요하다.

치명타를 맞으면 회복하는 데
시간이 많이 걸리니까.

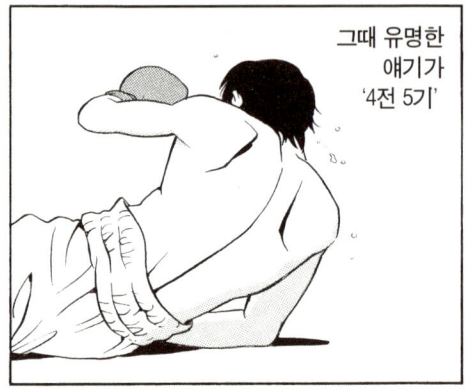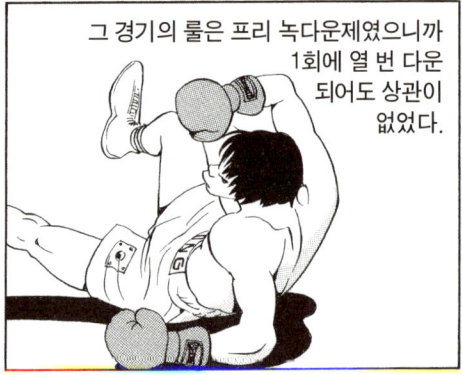

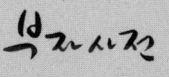

# 2

# 주위에
# 열성 팬을 만들어라

"베푼 만큼 돌아온다.
안 돌아와도 어쩔 수 없고."

— 반승섭(육류 유통업)

IBM이 처음부터 세계적인 기업이었던 건 아니다.

기술은 슈퍼컴퓨터를 생산하던 크레이 회사가 훨씬 나았고 PC만 해도 매킨토시를 더 높게 치는 사람들이 많았다.

그러나 IBM은 이런 경쟁사를 딛고 컴퓨터업계의 최고봉에 섰다.

IBM의 원동력은 '파란 양복'으로 불리는 영업맨들에게 있었다.

1980년대까지 IBM은 영업사원 모두에게 파란 정장과 깔끔한 넥타이를 매도록 했다.

이들이 대형 컴퓨터의 주 수요자인 금융권과 대기업을 문이 닳도록 드나든 통에 '뉴욕 중심가를 걷는 파란 양복은 모두 IBM맨'이라는 말도 생겨났다. 문제는 영업이다.

비즈니스와 연애는 같다.

분양대행업을 하고 있는 박일구 씨.

중소제약업체 영업맨 출신으로 아쉬운 소리 하는 것을 일상생활로 했던 사람이다.

직장생활 할 때에는 약을 파느라 구두가 닳도록 다녔고

사업체를 차린 후에는 큰손들에게 부동산을 파느라 전화를 끼고 살았다.

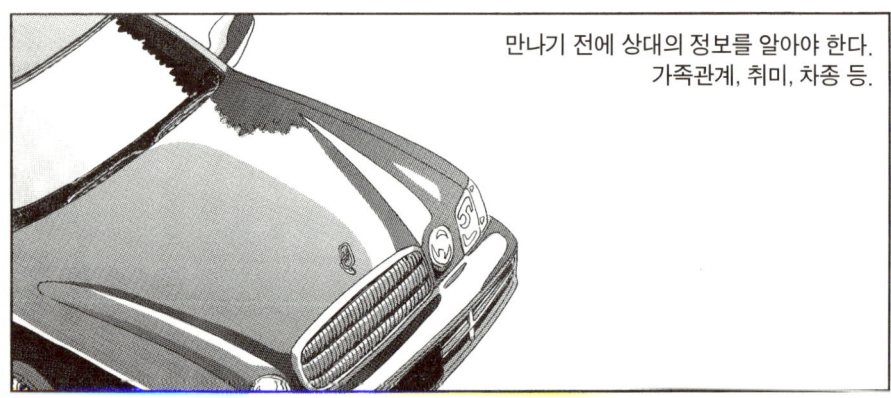

박 씨는 고객에게 관심과 배려를 선물했고

고객은 보답으로 새로운 고객을 만들어줬다.

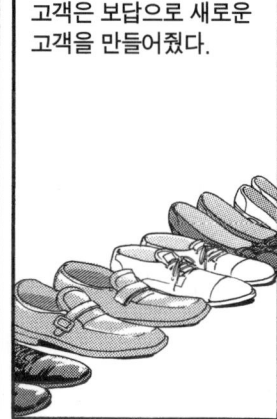

박 씨가 고객에게 수익을 올리도록 해준 것은 물론이다.

주는 만큼 받는다.

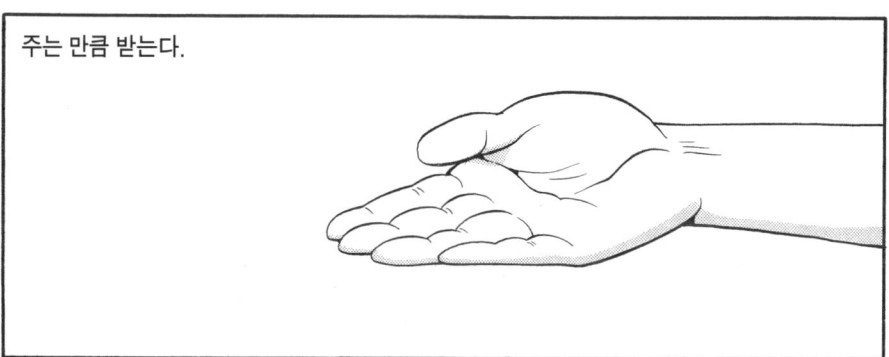

필자가 그 전부터 가보고 싶었던 곳이 있어서 손님들과 약속을 일부러 그곳으로 정했다.

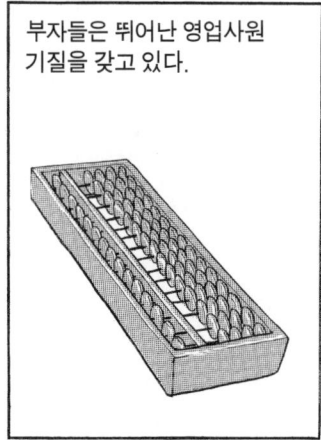

부자사전

# 3

# 신용만이 살 길이다

"자신이 하는 일을 재미 없어 하는 사람치고
성공하는 사람 못 봤다."

― 데일 카네기 ―

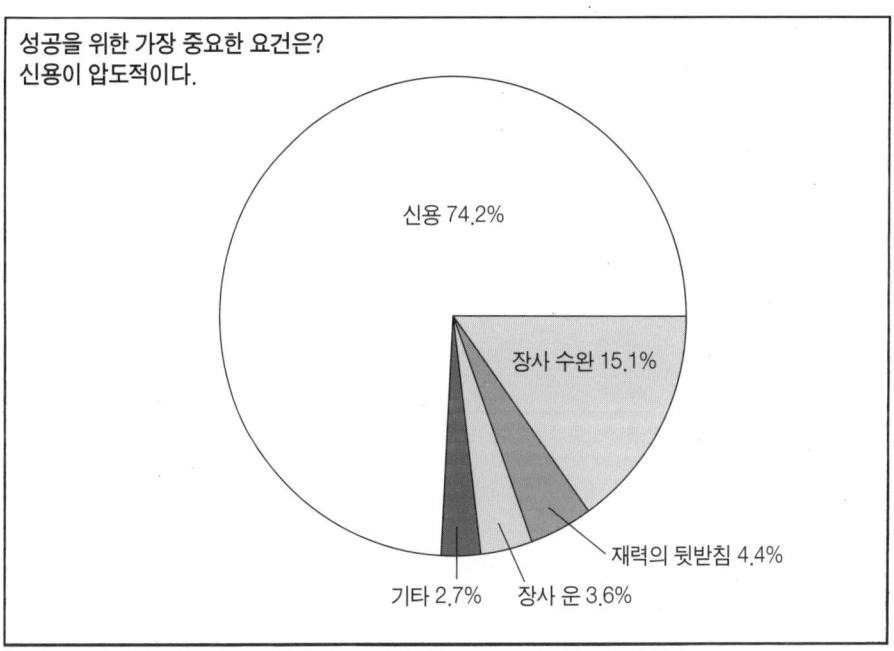

성실은 어찌 보면 남들이 다 생각하고 있는 것이니까 비결로 보이지는 않는다.

나는 평생 성실하게 손님을 대접했는데도….

음식이 맛없는 건 왜 몰라?

하지만 성실처럼 평범하지만 위력적인 장사 밑천은 없다.

이제 식당은 음식뿐 아니고 총체적인 서비스를 파는 곳으로 바뀌고 있다.

특히 외국계 음식점이 성업중인 이유도 여기에 있다.

생일 축하합니다. 혜미 씨의 생일을 축하합니다.

우리 음식점들이 외국계 패밀리 레스토랑에게 눌리는 이유는 변화에 둔감하기 때문이라는 얘기도 있다.
노력을 하지 않은 것이다.

사업이나 투자 밑천이 없는 사람은 끊임없는 노력을 통해 기회를 만들 수 있다. 반면 신용을 얻지 못한 사람에게는 기회조차 오지 않는다!

부자사전

# 4

# 끼·깡·끈·꼴·꿈을 키워라

> "줄곧 내 인생이 얼마짜리인지 생각해 보았다.
> 혹시 내 귀중한 인생을 허비하고 있는지 마음이 약해질 때마다
> 인생이란 본전 생각이 난다."
>
> ─ 구창범(투자자문사 대표) ─

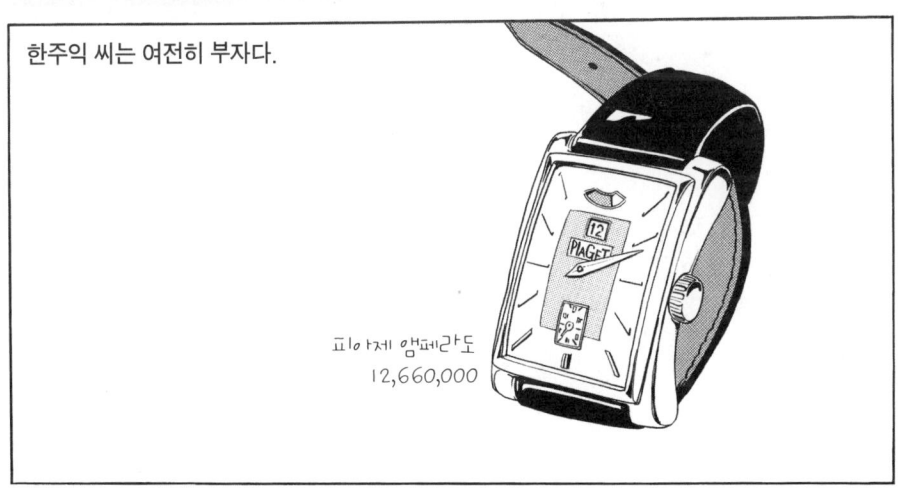

이래서 눈치만 보다가 제대로 끝을 낸 만화가 없다. 결국 1권만 계속 그리다가 끝나고 말았다.

열심히 작업하다 보면 성공하는 작품도 있고 실패하는 작품도 있다. 그러는 사이 성실한 끼가 몸에 배고 등 뒤에 재물이 쌓인다.

성실과 양심이 밑바탕이 되는 끼만 있으면 부자가 될까? 아니다. 깡이 또 있어야 한다.

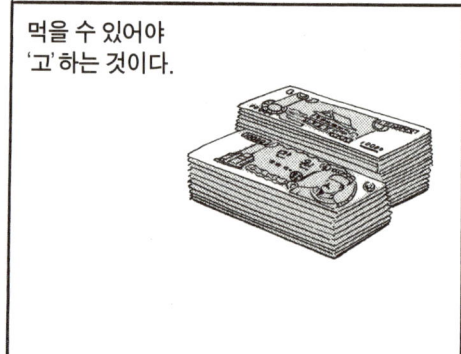

규칙에 어긋난 변칙이지만 시간을 절약할 수 있다.
시간은 부와 연결시킬 수 있는 좋은 재료다.

꼴

'마흔이 넘으면 자신의 얼굴에 책임을 져야 한다.'

그 사람의 이력이 요모조모로 나타난다는 말이다.

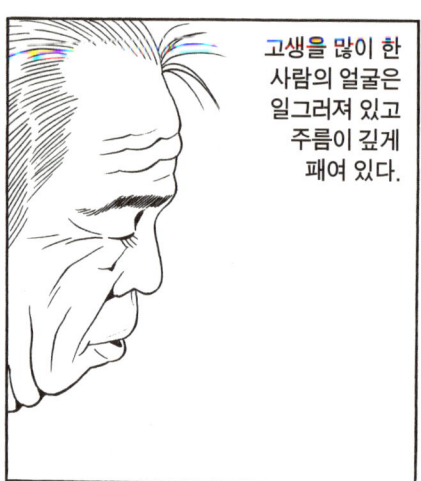

고생을 많이 한 사람의 얼굴은 일그러져 있고 주름이 깊게 패여 있다.

혈색이 좋지 않고 항상 피곤해 보인다.

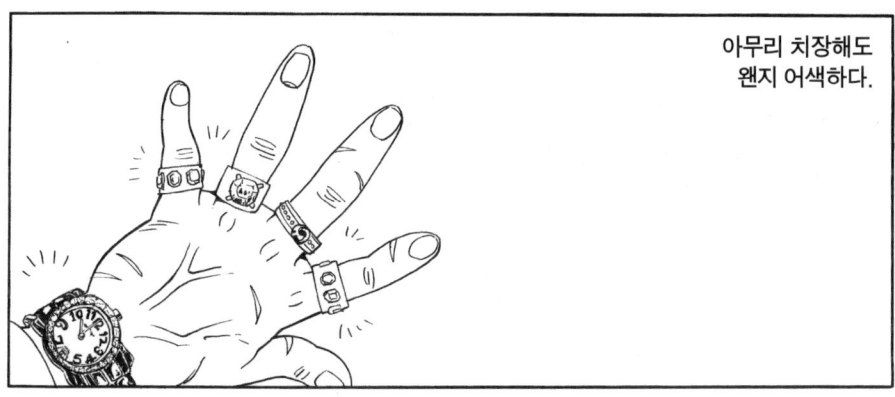

아무리 치장해도 왠지 어색하다.

강원도 쪽에서 로또복권에 당첨돼 화제가 됐던 사람이 있었다.

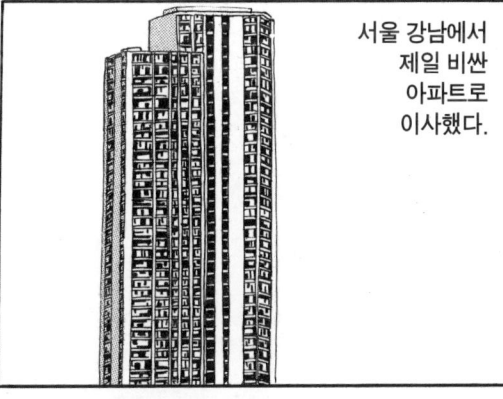

서울 강남에서 제일 비싼 아파트로 이사했다.

그러나 오래 버티지 못하고 결국 이민을 가버리고 말았다.

신분이 노출된 것이다. 촌티를 벗을 수 없었던 것이다.

너 로또지?

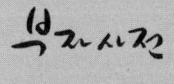

# 5

# 낙관적인 삶을 살아라

"나는 일이 안 풀려도 웃는다.
세상을 원망하면 계속 벌을 받을 뿐이다."

— 손길종(대형 음식점 운영) —

나는 일이 안 풀려도 웃는다. 세상을 원망하면 계속 벌을 받을 뿐이다.

'꼴' 부분에서 얘기한 바 있다. 부자들은 낙관론자다.

1995년 6월 당시 20세였던 청년이 삼풍백화점 무너진 곳에 깔려 있다가 9일 만에 구조됐다.

9일 동안 빗물 몇 방울로 생명을 유지했다.

살아날 것이라는 희망을 갖고 자신이 알고 있는 노래를 번갈아 부르며 구조를 기다렸다고 한다.

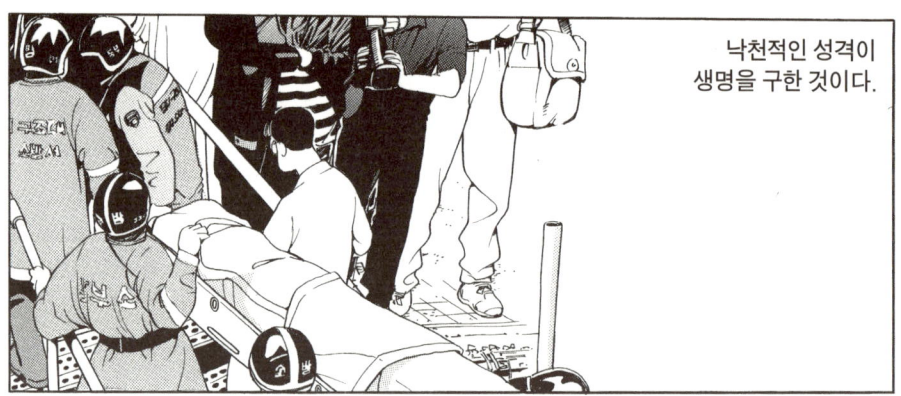

이 홀에서는 내가 졌지만 다음 홀에서 충분히 만회할 수 있다.

골프 격언에 이런 말이 있다. '잘못 친 샷은 금세 잊어버려야 한다. 다음 샷에 영향을 주기 때문이다.'

내기에는 돈이 자꾸 나간다고 화내서 이로울 것 하나도 없다.

이런 상황이 두 번만 일어나면 그날 골프는 망한다.

악! 또! 또!

부자는 평상심을 잃지 않고 다음을 노린다.

내 돈 보관 잘하고 있어. 금방 찾아 갈 거니까.

흥! 돈 몇십만 원쯤이야 우스운 놈이니까 여유가 있지.

이러면 안 된다.

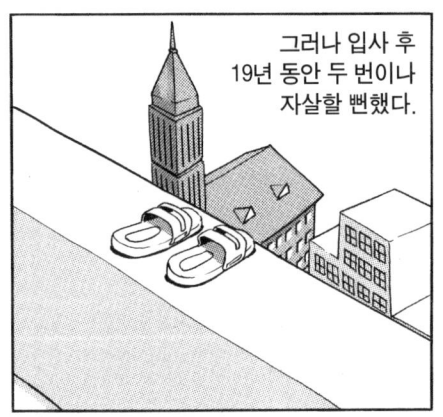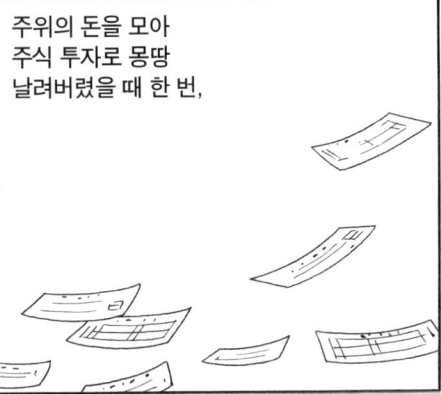

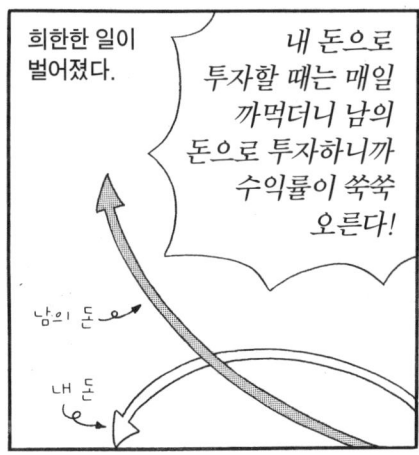

허 씨는 2년 전 은퇴했다.

벌어들인 돈을 부동산과 주식에 투자해 평생 쓸 만큼 재산을 만들었다.

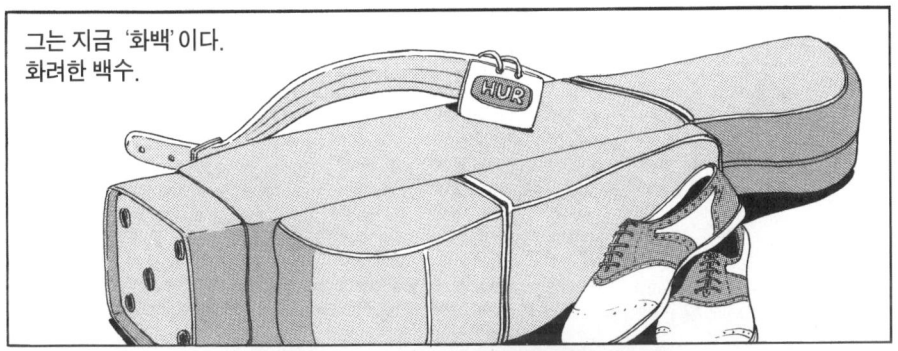

그는 지금 '화백'이다.
화려한 백수.

허 씨는 실패 후에 재기하면서 배운 교훈이 있다.

세상에 맞서지 마라.

어려울 때 일수록 긍정적인 사고가 필요하다.

세상에 쉽고 빠른 길은 없다.

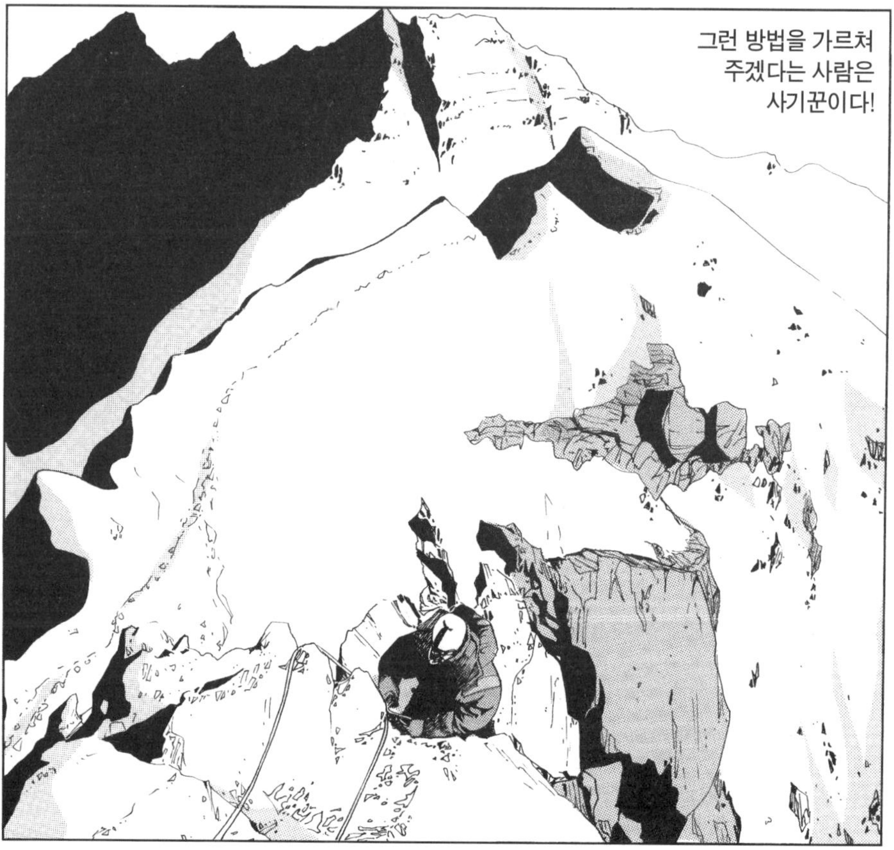

그런 방법을 가르쳐 주겠다는 사람은 사기꾼이다!

부자사전

# 6

# 누구에게나 미래는 두렵다

"집안을 일으킬 아이는 똥을 금처럼 아끼고,
집안을 망칠 아이는 돈을 똥처럼 쓴다."
(成家之兒 惜糞如金, 敗家之兒 用金如糞)

— 명심보감 —

박일문 씨는 69세로
취재대상 부자 중 최고령자다.

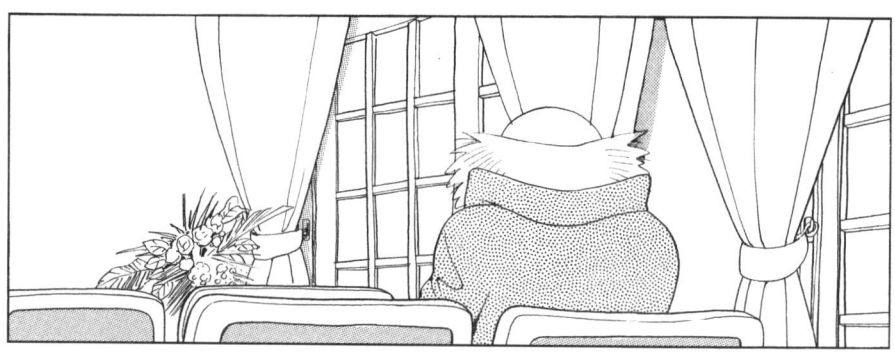

20분이 지났는데 왜 안 오실까?

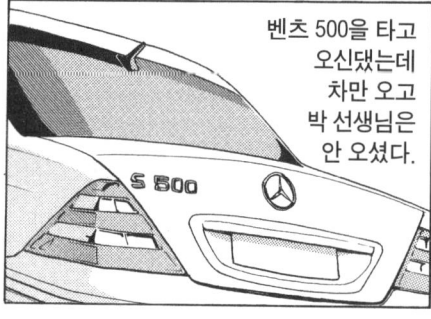

벤츠 500을 타고 오신댔는데 차만 오고 박 선생님은 안 오셨다.

힐긋

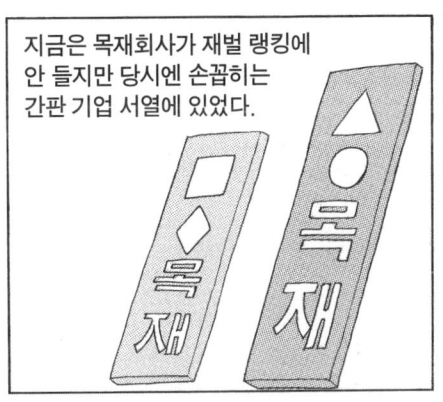

부자사전

# 7

# 독불장군 부자는 없다

"해롭기만 한 사람은 없는 것 같다.
누구에게나 배울 점이 있다."

— 전상진(유통업) —

다 그렇게 내려주고 가는 거지.

독불장군*이라는 말이 있다.

*독불장군(獨不將軍) : 남의 의견을 묵살하고 저 혼자 모든 일을 처리하는 사람, 또는 따돌림을 받는 사람.

우리 주변엔 독불장군이 많다.

나 죽여라!

성격 탓에 자발적으로 독불장군이 된 사람도 있고 성격과 관계없이 비자발적으로 독불장군이 된 사람도 있다.

아그들아.

예. 형님!

머릿수가 많으면 먹을 게 없다!

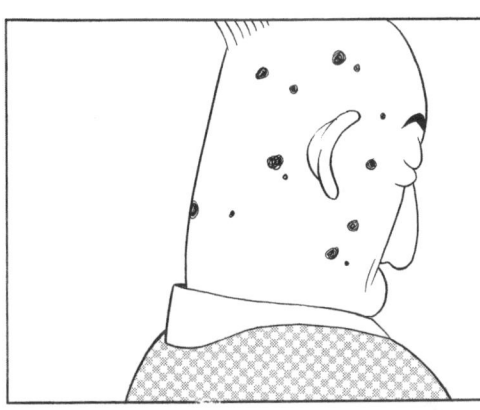

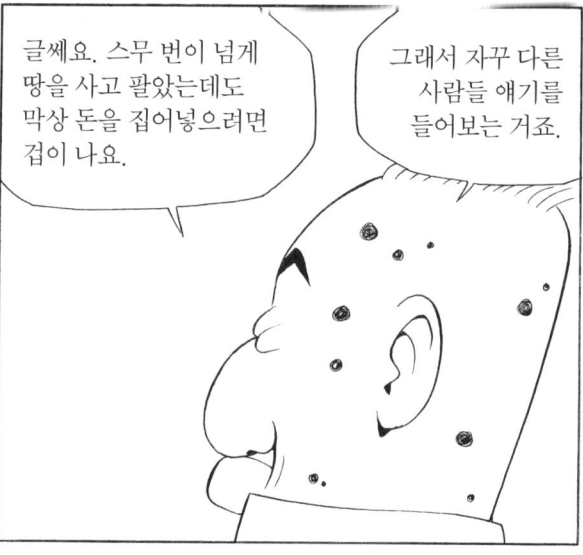

## 투자 관련해 조언을 구하는 대상

| 대상 | 인원 |
|---|---|
| 거래 은행 또는 증권사 등의 간부 | 62명 |
| 투자에 밝은 친구나 지인 | 57명 |
| 증권사 전담 직원 | 39명 |
| 부동산 컨설턴트 | 32명 |
| 투자 상담사 | 15명 |
| 종신보험 설계사 | 4명 |

(복수 응답)

100명의 부자들 중 78명이 전문가에게 조언을 구한다.

그러나 부자들은 전문가의 조언에 크게 의존하지 않는다.

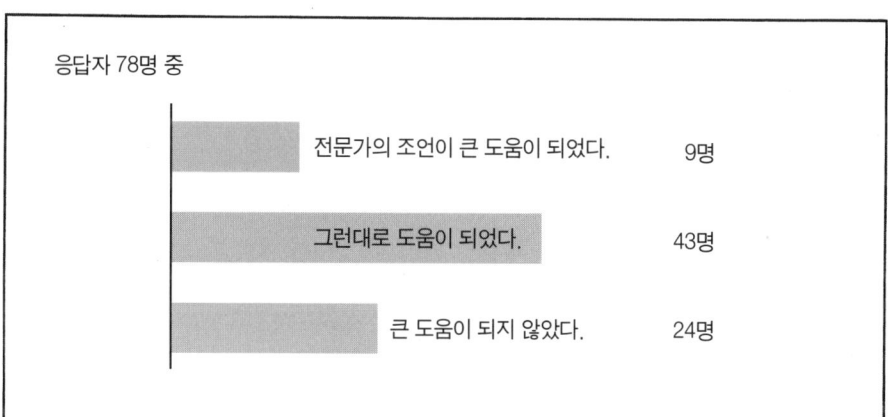

어떤 어중간한 부자가 부동산 투자를 전문 부동산업자에게 전적으로 맡겼다.

현장을 대충 확인하고 부동산업자 말만 믿고 따랐다.

잔금 주시죠.

등기 이전은 열흘 뒤에 끝내겠습니다.

여러 번 거래했지만 재미 본 건 한 번도 없었다. 부동산업자에게 끌려다니고 이용만 당했다.

나중에는 형편없이 싼 땅을 비싸게 산 사실도 알았다. 중간에서 착복한 것이다.

너무 믿었던 게 화근이었고

전문적인 안목을 키우는 데 게을렀으며

이 사람 저 사람에게 자문을 구하면서 공통분모를 찾지 않았던 것이다.

13년 전에 유성 부근에 3만5천 원 주고 산 땅이 지금 1만8천 원이다.

당신 하는 일이!

똑 똑

창작하는 사람은 비평을 싫어한다.

사사건건 따지는 비평을 못마땅해한다.

갑론을박

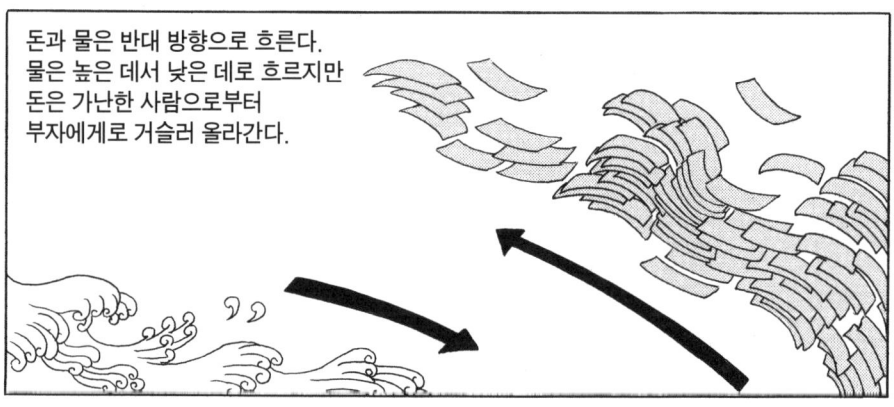

부자사전

# 8

# 부자가 더 큰 부자 된다

"돈은 물과 반대 방향으로 흐른다.
물은 높은 데서 낮은 곳으로 흐르지만
돈은 가난한 사람으로부터 부자에게로 거슬러 올라간다."

— 허유식(전 증권사 지점장, 은퇴) —

자연의 이치와 같다.

초식동물은 소화효율이 낮기 때문에 하루 종일 풀을 뜯어 먹어야 살 수 있다.

약간 큰 육식동물이 초식동물을 잡아먹는다.

중간 육식동물 역시 소화효율이 낮아서 바쁘게 움직이고 자주 먹어야 한다.

그러나 대형 육식동물은 다르다.

게으르고 낮에는 잠을 자며
빈둥거리다 밤이 되면
사냥을 하고 포식을 한다.
이틀에 한 끼를 먹어도 충분히 산다.

인간세상의 이치도
그렇다.

일용직 노동자는
하루 벌어 하루
먹고산다.

효율이 낮은
초식동물인
셈이다.

그 위에
직장인들이
있다.

한 달 벌어
한 달 먹고산다.

안부자들 중 아이들에게 좋은 교육환경을 만들어 주겠다고 빚을 얻어 강남으로 이사하는 사람 있다.

아이 학원비는 기본이고

당황스럽지만 부자동네의 높은 씀씀이에 자연 휩쓸린다.

학원비도 곱절!

룸살롱 팁도 곱절!

외식 한 번 하는데 그전 동네에서는 5만 원이면 됐는데 여기서는 10만 원!

아빠 왜 그래?

재래시장 대신 백화점.

마이너스!

전에는 저축하고 살았는데!

부자사전

# 9

# 이미 늦었다는 말은 없다

"뉘우치는 정도, 딱 그만큼만 발전한다."

— 이준채(부동산업) —

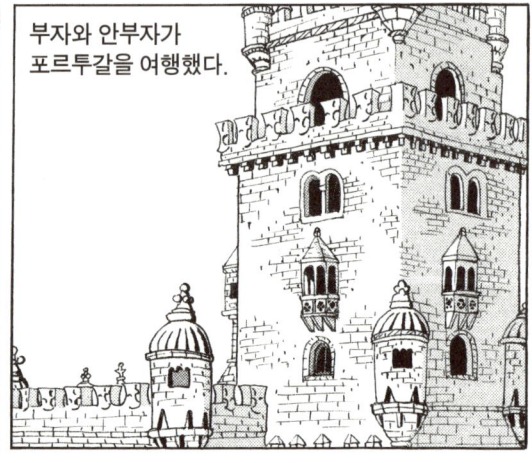

안부자는 회사원이었다. 투자한 돈을 계산에 포함시킬 줄 모른다.

하지만 부자는 투자 대비 수익을 계산해 내는 것이다.

작은 회사에서 회의가 열렸다.

월급에 대한 불만이 나온다.

급여가 적습니다.

사장님은 80평 아파트에 살고, 고급승용차 타고 다니고, 우리들이 삼겹살에 소주 마실 때 사장님은 생선회에다 위스키 드시지 않습니까?

부자가 되겠다는 꿈을 차근차근 이루어 나갔다.

그 친구 집안이 건설회사였기 때문에 건설회사를 만들어야겠다는 계획을 세웠다.

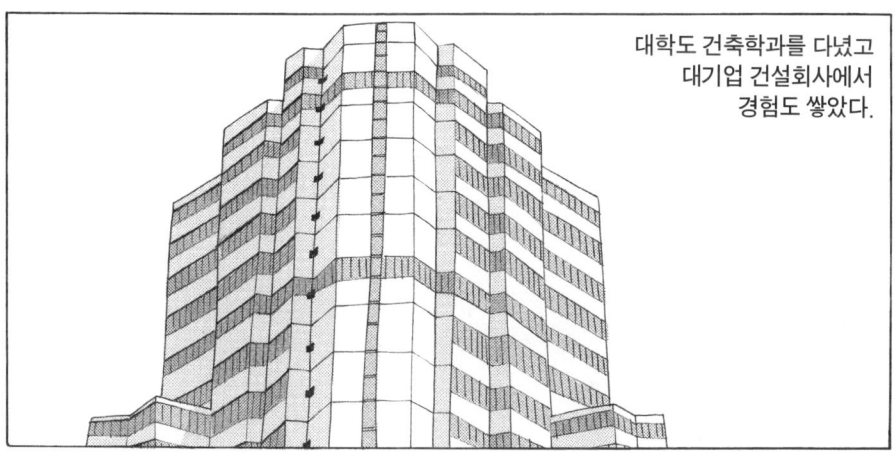
대학도 건축학과를 다녔고 대기업 건설회사에서 경험도 쌓았다.

지금은 강남에 10층 빌딩을 두 채 갖고 있다.

자신의 건물에 자신의 회사가 입주해 있지만 회사는 태 씨에게 꼬박꼬박 월세를 낸다.

회사는 회사, 개인은 개인, 계산은 철저히!

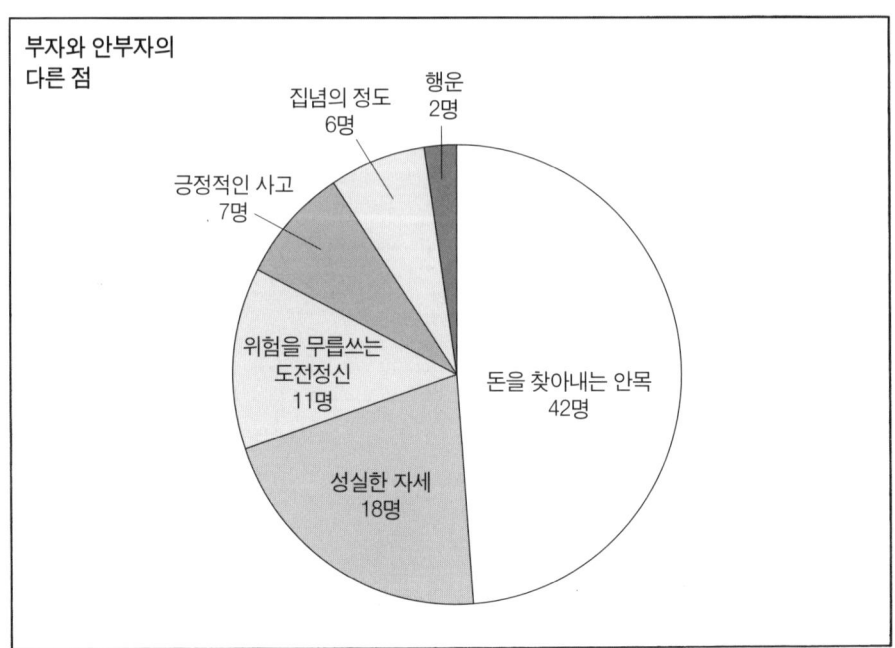

대신 돈이 생기는 대로 땅을 샀다.

15년이 지나 계산을 잘못했다는 답이 나왔다.

땅을 살 때 싸고 넓은 것만 샀더니 돈도 되지 않고 팔려 해도 살 사람이 없었다.

땅 많다고 부자가 되는 것이 아니다. 땅을 보는 눈이 있어야 한다.

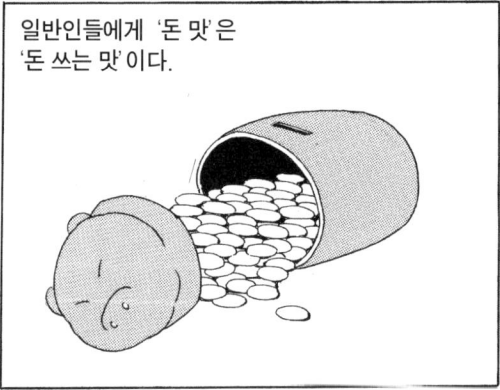

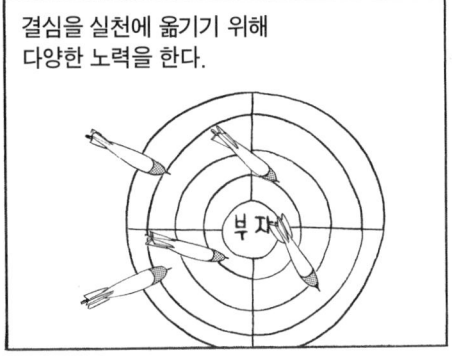

결국 결론은 이랬다.

집안에 숟가락 하나라도 부족하면 돈이 모이지 않는다.

가정이라는 그릇에 부족한 것이 없이 다 채워져야 넘쳐 흐른다는 것이다.

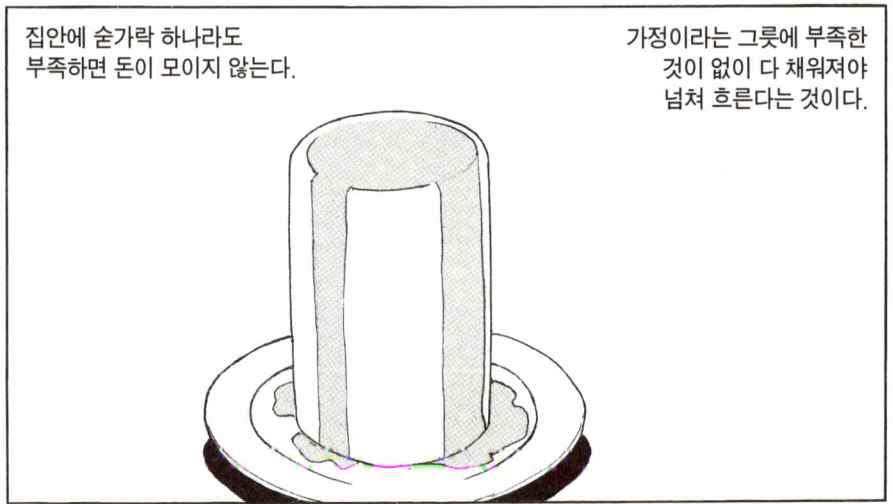

자꾸 채워 넣어도 그릇을 채우기에는 그릇이 너무 크다.

그러다 결국 현실과 타협한다.

내년부터 모으지 뭐.

부자들은 먹이를 일찍 발견하고 빨리 잡는다.

그런 와중에 기회를 만나는 것이다.

기회는 선전포고 없는 전쟁처럼 다가온다.

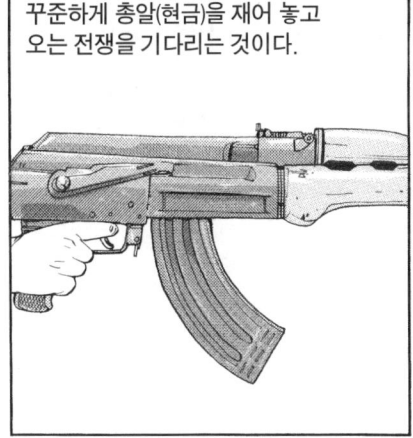
꾸준하게 총알(현금)을 재어 놓고 오는 전쟁을 기다리는 것이다.

그 전쟁은 준비하지 않은 사람들에게는 재앙이다. 그리고 승자에게 모든 것을 빼앗긴다.

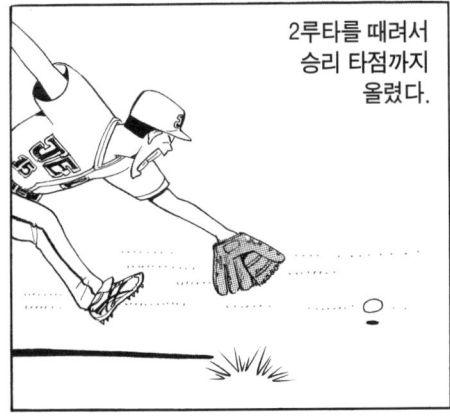

부자사전

# 10

# 월급쟁이 때부터
# 사장의 눈높이에 맞춰라

"세상에 내 일이 아닌 것은 없다.
돈을 버는 데는 무관심이 가장 큰 적이다.
호기심이 많은 사람이 성공한다."

— 손성필(분양 대행업) —

기계부품 회사를 운영하는 송 씨.

나는 한 가지 원칙이 있습니다.

외부 점심 약속을 만들지 않습니다.

매일 구내식당에서 점심을 직원들과 함께 먹는다.

사장님, 줄 서지 말고 먼저 가서 배식 받으세요.

무슨 말! 내가 먼저 나가면 다른 사람들이 하나씩 뒤로 밀려나잖아.

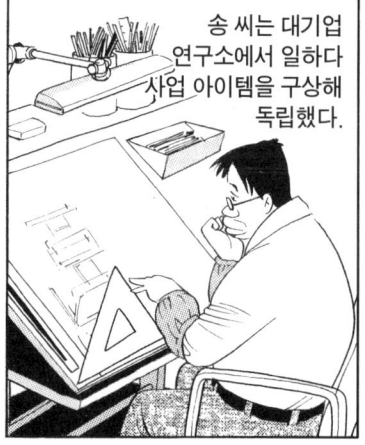

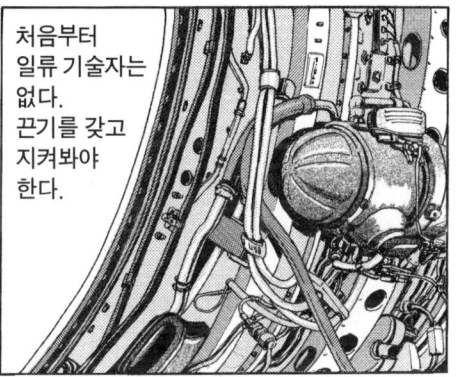

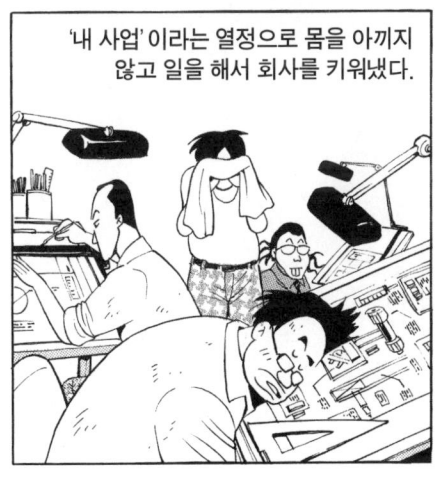

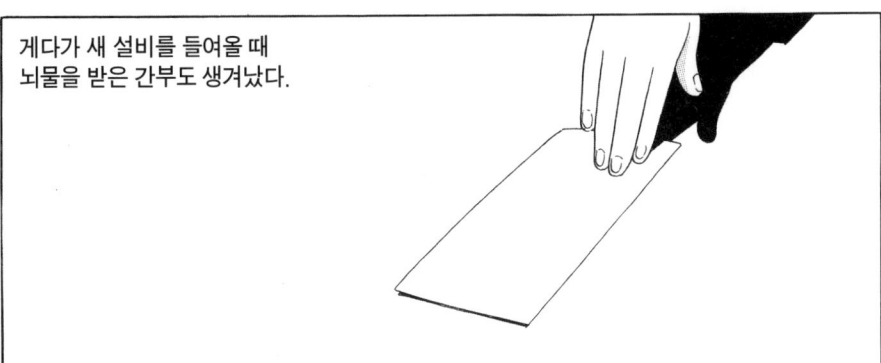

게다가 새 설비를 들여올 때
뇌물을 받은 간부도 생겨났다.

그렇게 살면 비전이 없다.

그 직원은 뇌물 500만 원 때문에
직장이 날아갔다.

직원들이
독립하겠다면
말리지 않습니다.

그런데 여기서도
일을 제대로 하지
않던 사람이 나가서
자기 사업은 잘
할 수 있을까요?

안부자들에게 권한다.
지금 앞에 놓인 일이
내 일이라고 생각하고
최선을 다하라.

그러면 당신은
곧 부자의
대열에 합류할
것이다.

왜냐하면 그것이 자신의 한계로 작용해 벗어나기 힘들기 때문이다.

필자의 예를 들겠다.

1960~70년대, 1980대에는 만화 등의 간행물을 다루는 도서잡지윤리위원회의 심의가 턱없이 심했던 적이 있었다.

남녀칠세 부동석인데 어찌 한 이불에 같이 잡니까? 고치시오.

이 두 아이는 남매이고 가난해서 방을 하나밖에 쓸 수 없는 형편인데요 어떻게….

현실이 그렇더라도 판잣집은 그리지 마시오.

국군은 전투에서 패배해서는 안 됩니다.

이놈, 저놈 등의 욕은 삭제하시오.

이순신 장군이 왜놈하고 싸우는데 이 양반, 저 양반하고 싸웁니까?

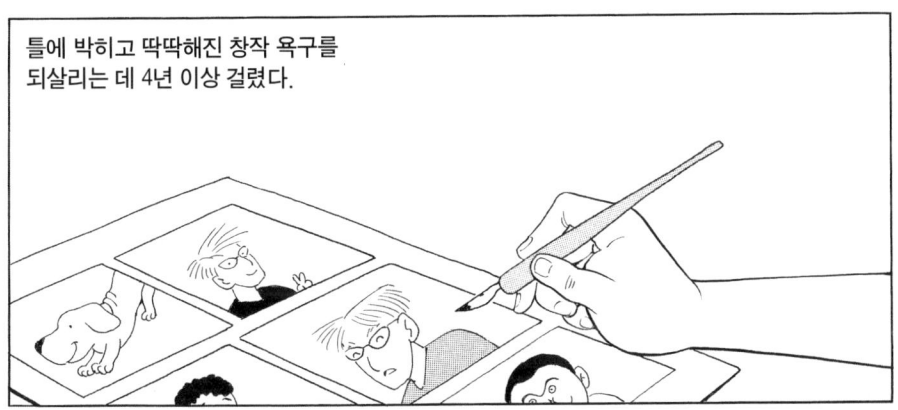

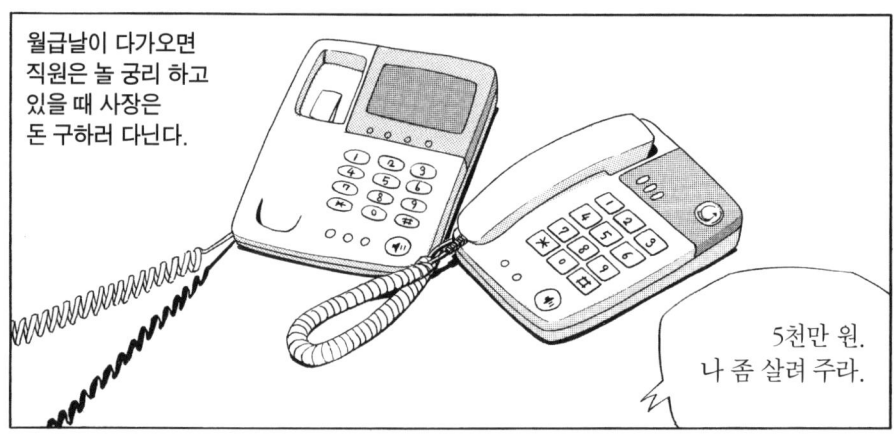

부자사전

# 11

# 돈 버는 공부
# 삼각함수보다 어렵다

"세상에는 많은 시험이 있다.
그러나 부자는 시험 봐서 되는 게 아니다."

— 문지형(전자부품 회사 사장) —

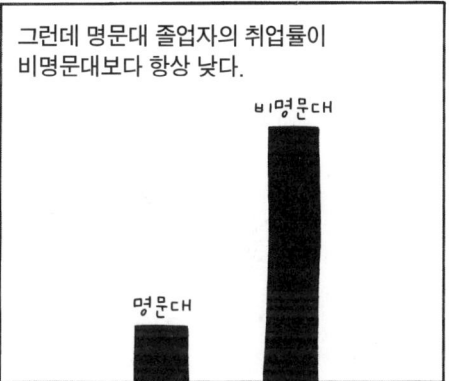

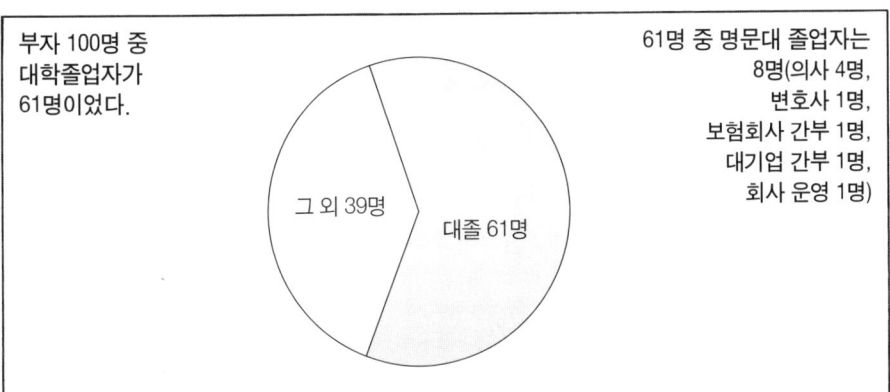

명문대 출신 우등생들은 기획관리나 재무 같은
앉은뱅이 업무를 맡으려 한다.
그런 자리는 돈 벌 기회를 주지 않는다.

비명문대 출신에
비해 명문대 출신은
기회가 많다.
그러나 현재 위치에
만족하면서 그런 기회를
기회로 보지 않는다.

난 지금이 좋아.

필자는 가끔 이런 질문을 받는다.

만화 소재는 어떻게 구하죠?

필자는 메모광이다.

나중에 생각나지 않을까 봐 불안해서 항상 메모한다.

늘 노트를 끼고 다닌다. 노트가 없을 때는 냅킨에라도 메모해서 지갑 안에 보관한다. 필기구가 없어서 고추장으로 메모한 적도 있다.

지갑은 하루에 네댓 번씩 열어 보니까 눈에 잘 띄기 때문이다.

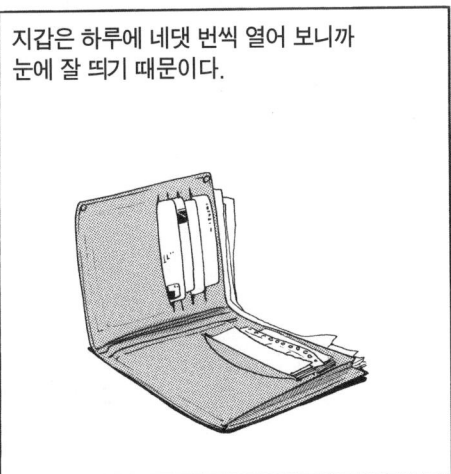

눈에 새로운 것이 보이고 귀로 새로운 얘기가 들리면 곧바로 만화 소재가 될 것인가를 구분해서 메모한다.

의식이 있는 한 모든 것을 만화 소재와 연결시키는 것이다.

몇 년 전 주간 신문에 만화를 연재중일 때의 일이다.

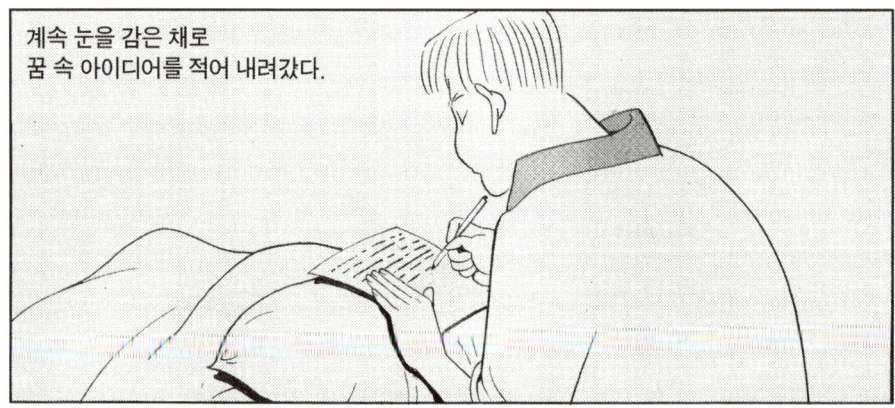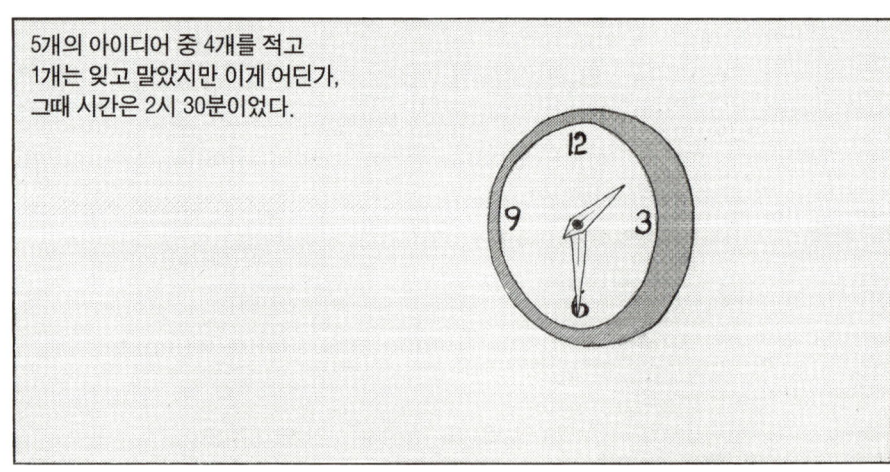

부자사전

# 12

# 돈 자랑을 하지 않는다

"모르는 것이 있으면 아는 것이 있기 마련이고,
모르는 것이 없으면 아는 것이 없기 마련이다."
(有不知則有知, 無不知則無知)

— 왕부지(王夫之, 명말청초 사상가)

무능한 개는 낮에 짖는다.

사람들이 모이는 곳에 가면 세 부류가 있다.

하나는 연신 자기 자랑을 하고

하나는 그 자랑을 들으면서 속상해하고

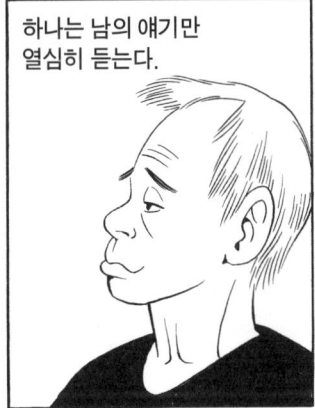

하나는 남의 얘기만 열심히 듣는다.

마지막 부류는 알부자들에게서 많이 발견된다.

부자들은 좀처럼 자랑을 하지 않는다.

일본에 이런 속담이 있다.
"무능한 개는 낮에 짖는다."

능력이 모자랄수록, 시원찮을수록, 완전하지 않을수록, 다른 사람에게 과시하는 행동을 한다는 뜻이다.

진짜 부자는 폼 잡는 걸 좋아하지 않는다.

스스로 치켜올리는 사람은 거품이 있다.

겸손한 자세를 유지해야 돈이 모이고, 돈을 벌 수 있는 기회도 생긴다.

지금까지 너를 지켜보고 있었는데 맘에 들었다. 내 회사랑 내 딸 가져가.

'빈 수레가 요란하다' 느니 '빈 깡통 소리가 날카롭다' 라는 말은 이래서 나온 말이다.

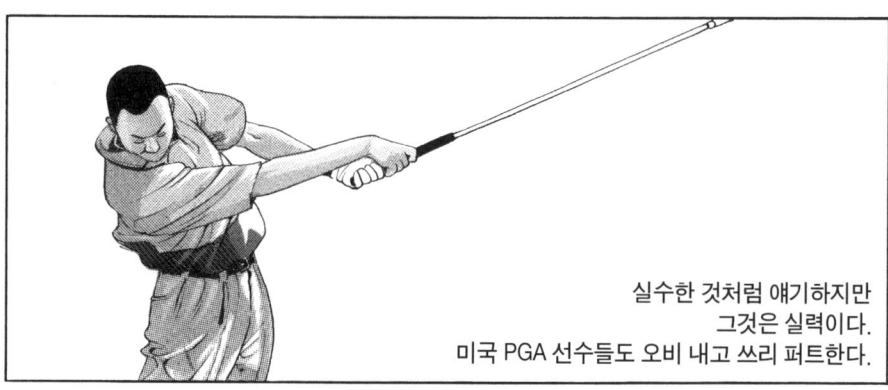

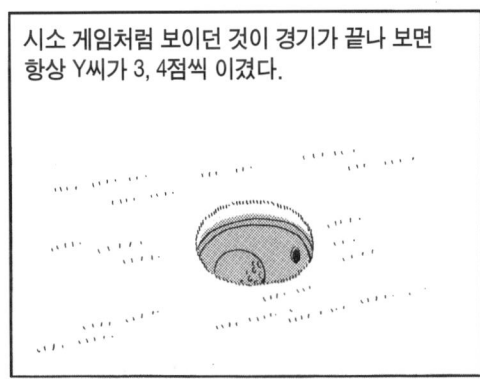

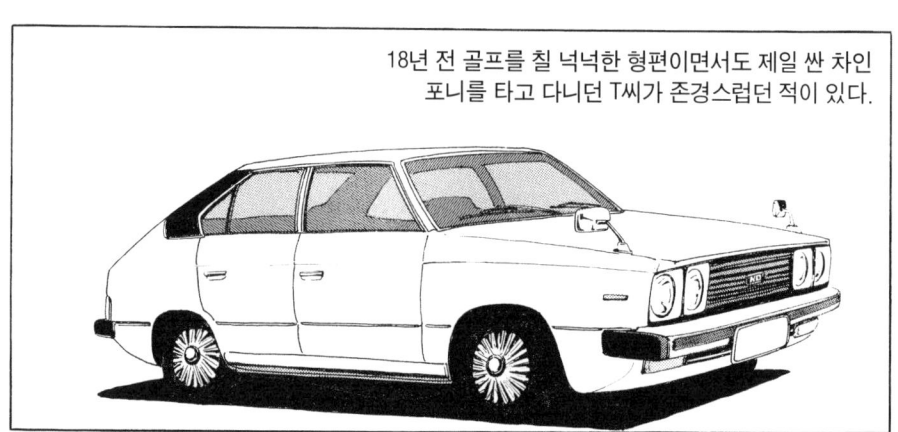

18년 전 골프를 칠 넉넉한 형편이면서도 제일 싼 차인 포니를 타고 다니던 T씨가 존경스럽던 적이 있다.

여유가 있으면서도 과시하지 않았다.

덜 덜 덜

자동차는 수단일 뿐 목적이 아니다!

부자 100명 중 돈 자랑하는 부자는 1명도 없었다.

부자사전

# 13

# 원칙을 칼처럼 적용하라

"돈은 기회다. 다양한 기회를 제공한다.
사람에 따라 기회가 많고 적을 뿐이다."

― 권영주(의류업) ―

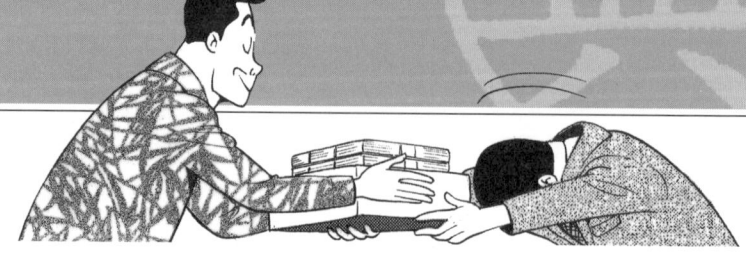

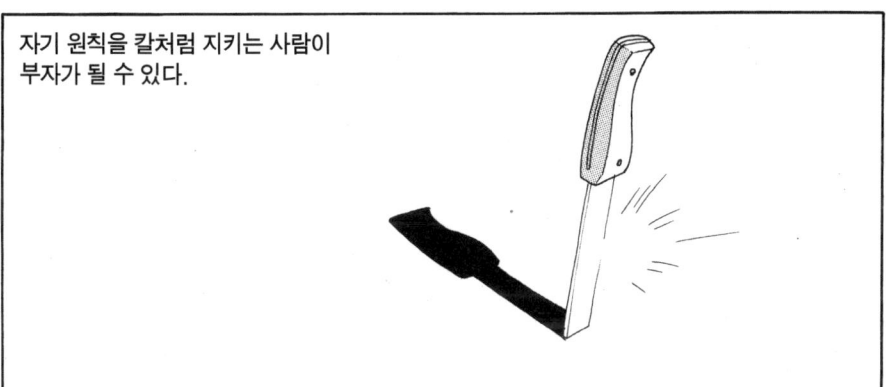

자기 원칙을 칼처럼 지키는 사람이 부자가 될 수 있다.

사장님은 지금 회의중이시니까 잠시만 기다리세요.

똑바로들 해!

알았지!

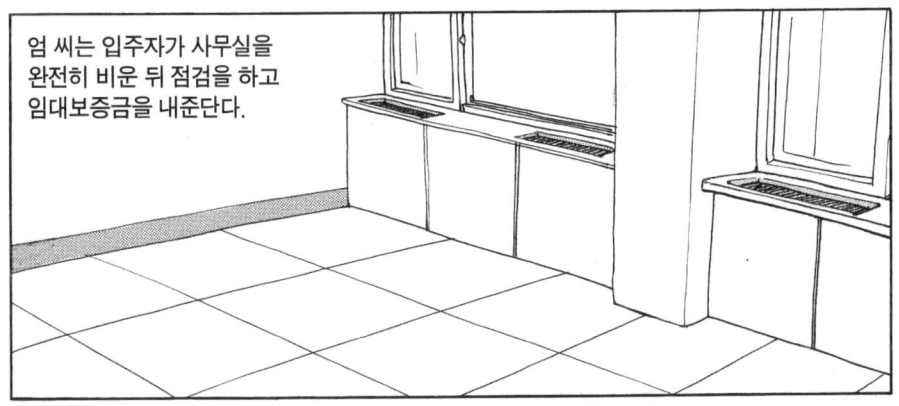

엄 씨를 만난 뒤 김 씨를 만났다. 김 씨는 병원이 많이 입주해 있는 건물 주인 이비인후과 의사다.

좀 전에 만난 엄 씨 얘기가 나왔다.

돈을 버는 것도 좋지만 지독하다는 인상을 받았어요.

당연한 겁니다. 내 원칙도 그렇습니다.

정도의 차이는 있겠지만 돈 있는 사람의 속성이라고 보면 됩니다.

대기업이 중소기업들에게 어음을 끊어 주는 이유가 뭔지 알아요?

대기업이 돈이 없어서 그러는 게 아니죠.

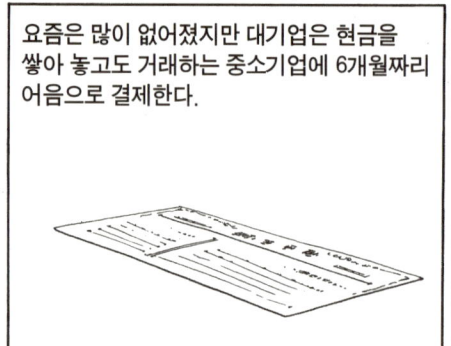

일주일에 두 번 라운딩은 기본.

어떤 달에는 골프 약속이 밀려서 15일을 라운딩한 적도 있다.

이렇게 되면 직원들의 불만이 쌓이게 마련일 텐데 회사는 제대로 돌아가고 있다.

한 씨의 원칙은 골프를 치되 하루를 반쪽내서 아침 일찍이나 오후 늦은 시간에 라운딩하는 것이다.

그러면 최소한 반나절은 회사 일을 볼 수 있다는 계산이다.

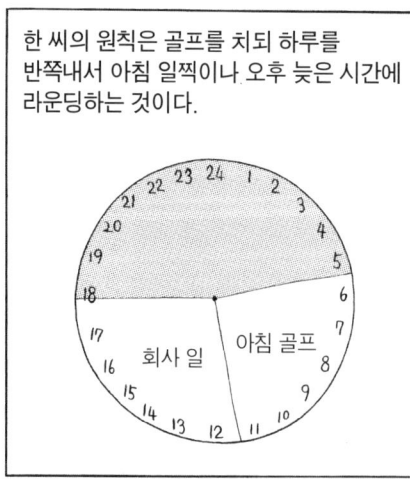

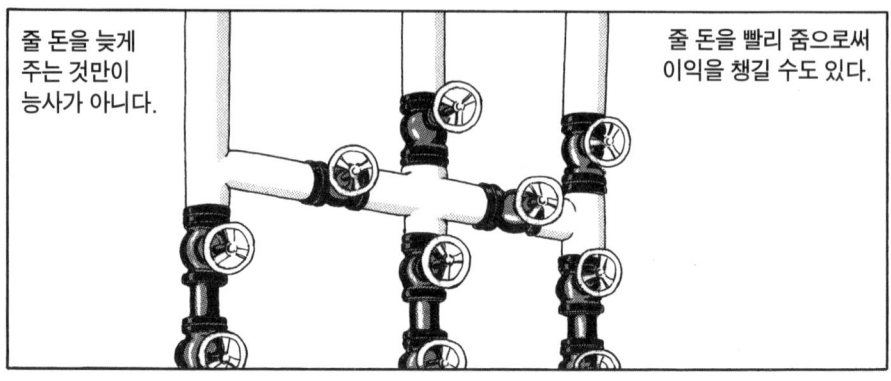

부자사전

## 14

## 한번 온 기회는 절대 놓치지 않는다

"독하고 모질다는 소리를 수천 번 이상 들어야 부자가 될 자격이 있다."

— 김인철(의사) —

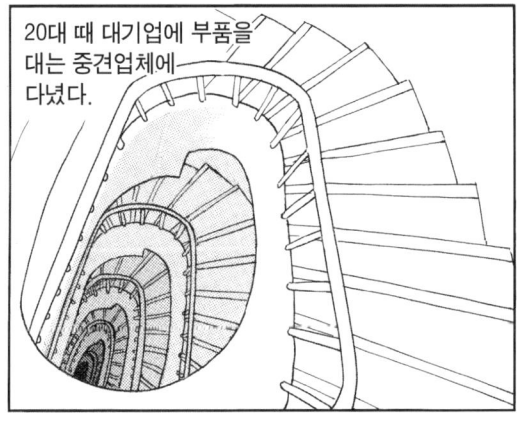
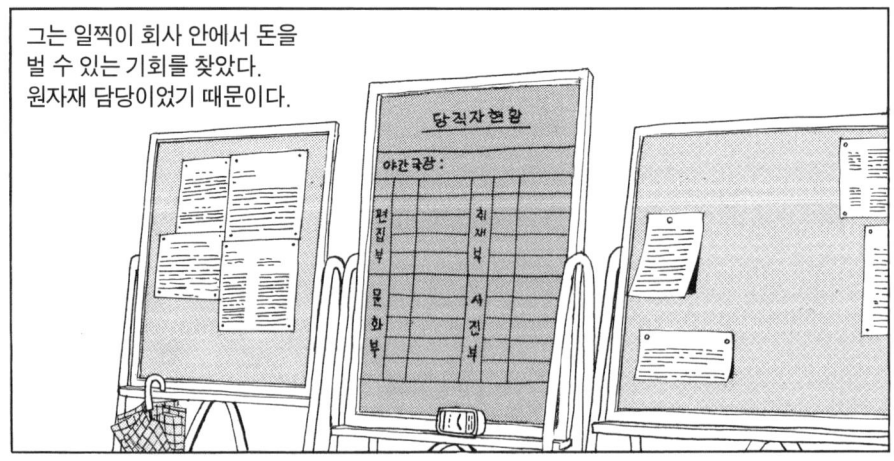

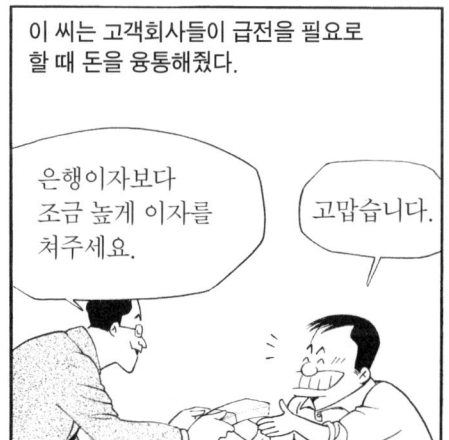

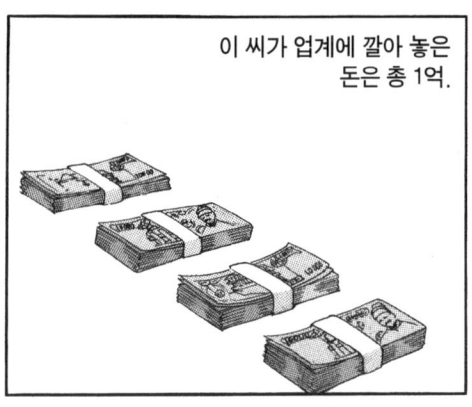

벤처 기업들은 투자자들에게 액면가의 10배, 20배의 조건에 주식을 넘기고 자금을 끌어들일 때였으니까 욕을 많이 먹었다.

무슨 상관이야.

부자가 되려면 철저한 기회주의자가 되어야 한다.

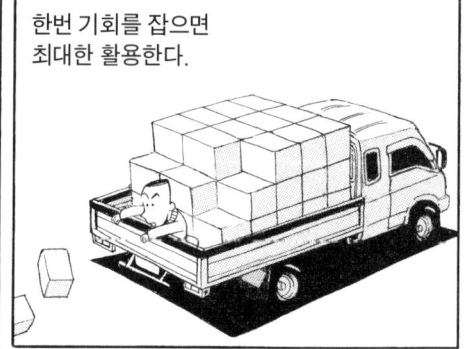

한번 기회를 잡으면 최대한 활용한다.

세상에 돈 많이 벌면서 존경도 받는 일은 없어요.

돈을 많이 번 다음에야 자선사업도 할 수 있는 거지. 벌 때는 그렇게 못해요.

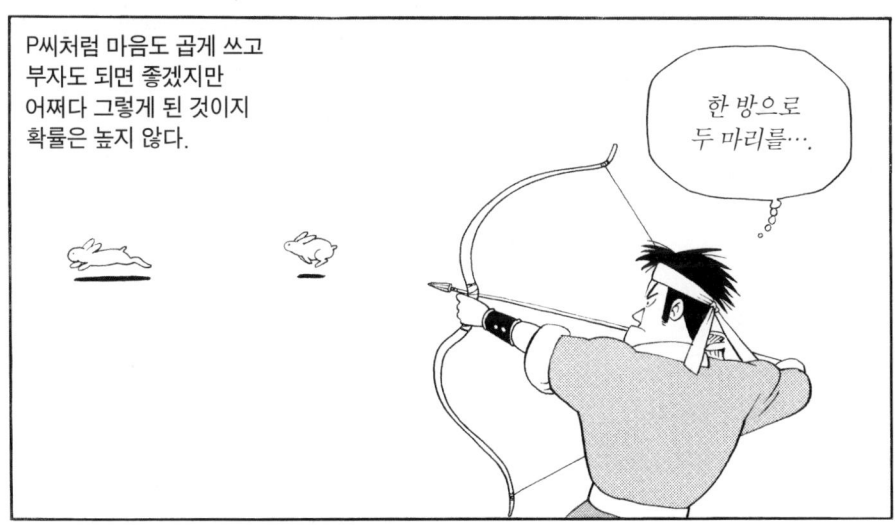

부자사전

# 15

## 부지런함은 기본이다

"재미를 붙여야 새벽에 눈이 떠진다.
습관이 되면 삶에 힘이 붙는다."

― 신태준(자동차 부품회사 경영) ―

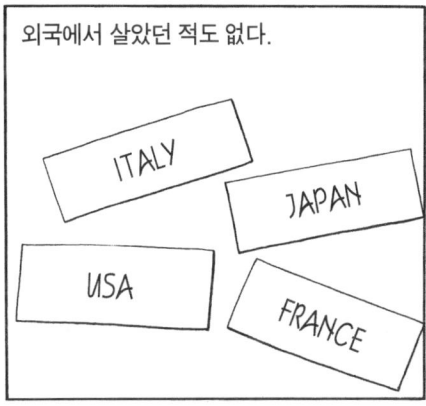

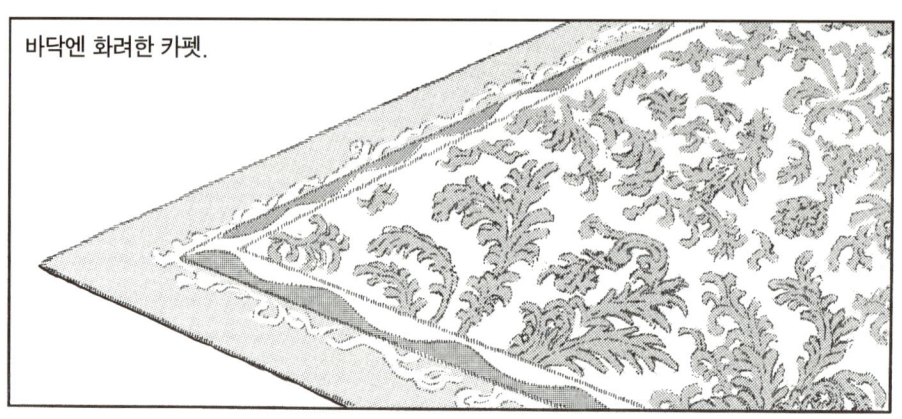

바닥엔 화려한 카펫.

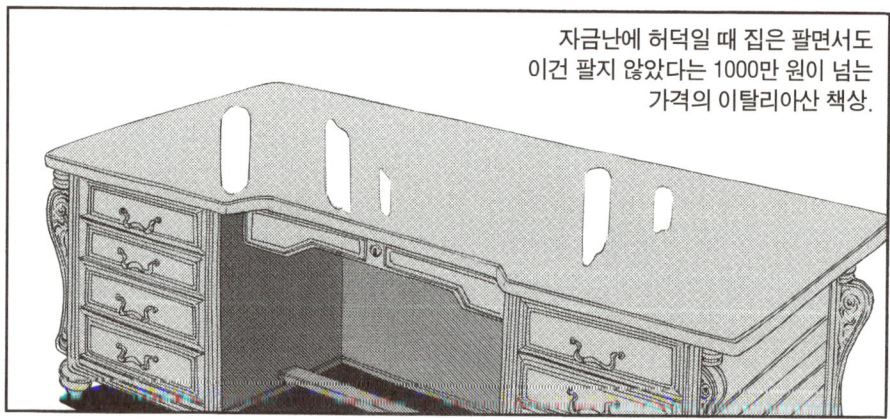

자금난에 허덕일 때 집은 팔면서도 이건 팔지 않았다는 1000만 원이 넘는 가격의 이탈리아산 책상.

1500만 원짜리 덴마크제 B&O 오디오

음악을 좋아하는 부자치고 오디오는 싼 편이다. 이 정도면 일반 애호가들도 가질 수 있는 수준이다.

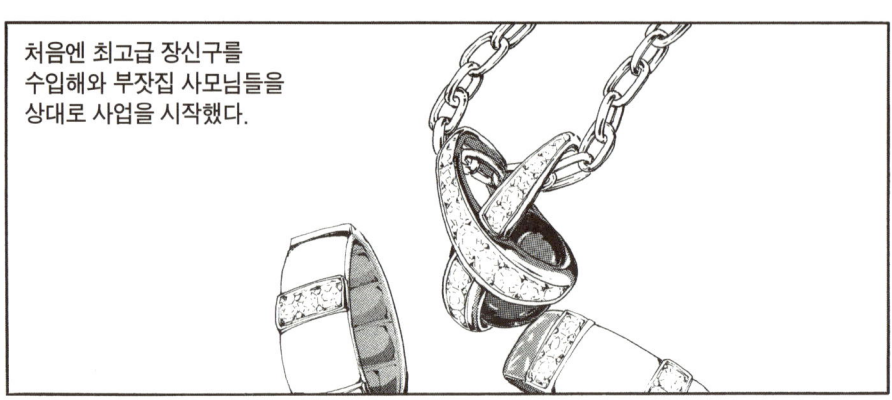

처음엔 최고급 장신구를 수입해와 부잣집 사모님들을 상대로 사업을 시작했다.

여력이 생기자 1990년대에 수입 품목을 늘렸지요.

금 수도꼭지, 이태리 대리석 같은 최고급 건축자재를 들여왔는데 날개 달린 듯 팔려 나갔어요.

심지어 핀란드산 통나무집을 통째로 수입해서 팔기도 했답니다.

그러다 IMF를 만났습니다.

환율이 크게 올라 사치품 장사가 주춤 하면서 힘들어지기 시작했어요.

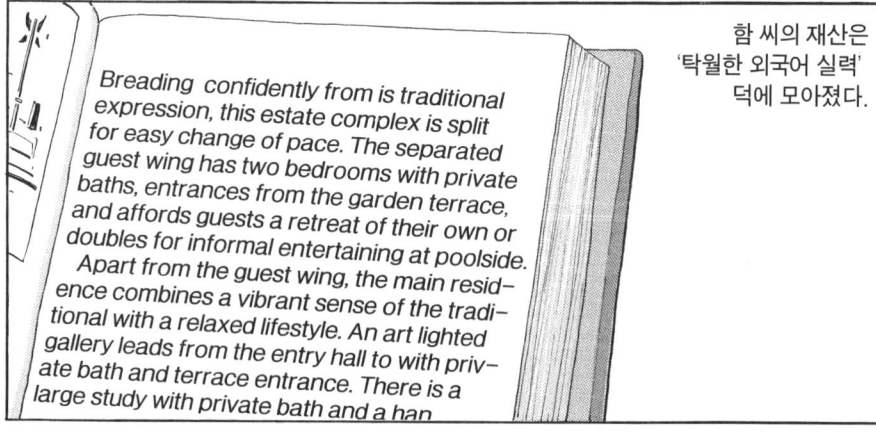

입사했을 때 함 씨의 영어 실력이 간부들의 눈에 띄었다.

나랑 해외출장 가자.

예, 이사님.

외국에서 바이어가 왔을 때 사장 통역을 맡은 것이 계기가 됐다.

해외업무 쪽으로 자리를 옮겨 실력을 인정받았다.

영어라고 다 영어가 아니다! 이 사람 대단한 실력의 정통 영어를 구사하고 있다!

유학파도 아닌데 어떻게 영어 실력을…?

3류 대학에 턱걸이로 들어가고 나서 고민을 많이 했습니다.

남들하고 뭔가 달라야 살아남을 수 있다!

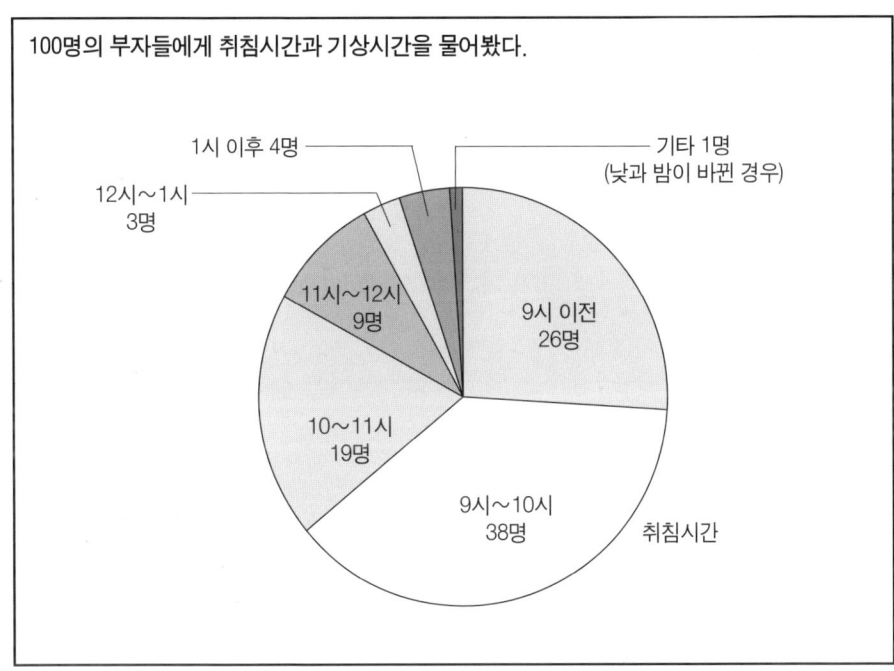

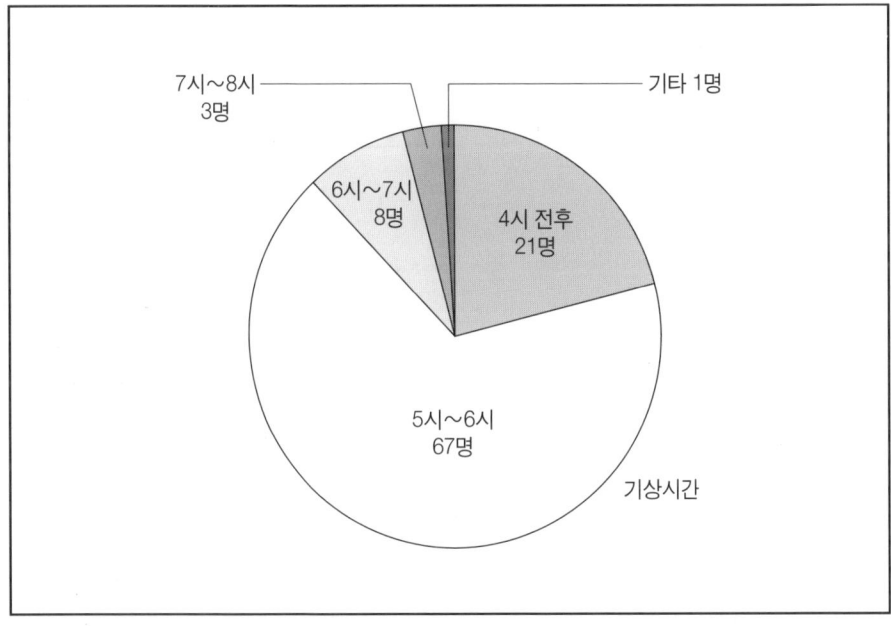

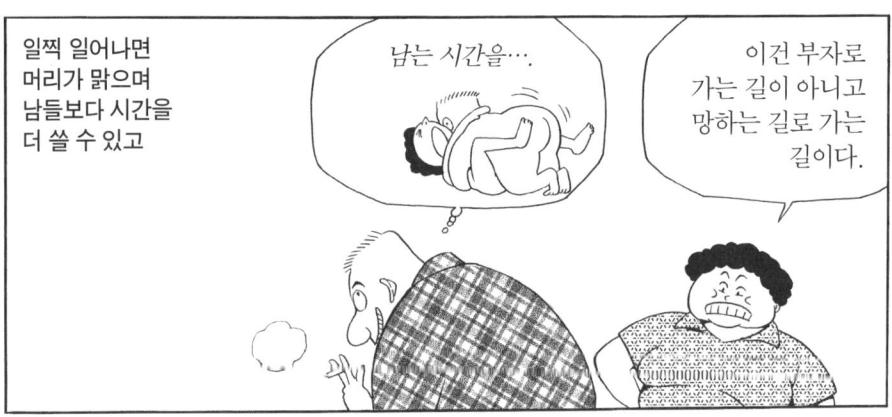

남들보다 늦게 일어나 신문 보고, 커피 마시고 일손 잡는 척하다가 점심 먹으러 갈 때 이미 작업을 끝냈다면 남들보다 하루가 4시간 이상 더 긴 것이다.

돈 없이 시간만 많은 것도 좋지 않아.

그때 열심히 그렸던 만화가 '각시탈'이었다.

새벽기상 생활은 아이가 밤낮없이 울어대는 통에 리듬이 깨져버리고 말았다.

으아앙

둥가둥가

그러다 최근에 『아침형 인간』을 읽었다.

어느 경영 전문지가 국내 100대 기업의 최고 경영자들에게 물었다.

평균 출근시간
오전 6~7시    17.2%
오전 7~8시    58.6%

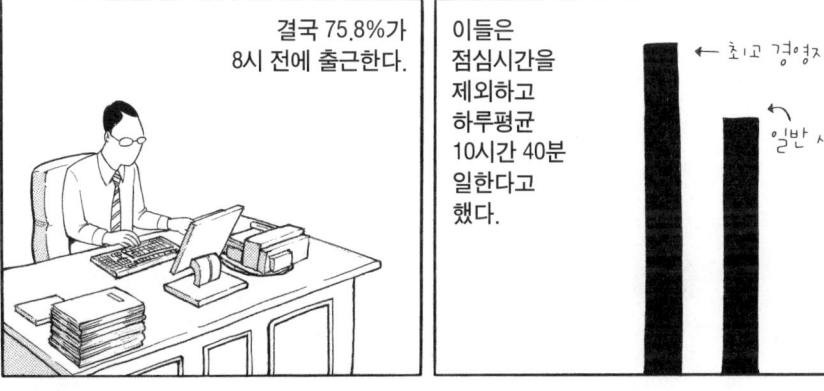

결국 75.8%가 8시 전에 출근한다.

이들은 점심시간을 제외하고 하루평균 10시간 40분 일한다고 했다.

← 최고 경영자
← 일반 사원들

하루 24시간은 누구에게나 똑같다. 공평하다.

부자사전

# 16

# 무자비함을 배워라

"착하게 사는 것은 중요하다.
그러나 그게 돈 버는 기준이라면 나는 평생 가난뱅이 신세였을 것이다."

― 진성호(상가 임대업) ―

인생은 전쟁이다.

그래서인지 태어나면서부터 칼이나 총 같은 장난감을 좋아한다.
커가면서 펜으로 높은 점수를 얻기 위해 싸운다.
학교를 졸업하면 좋은 직장을 잡으려고 경쟁한다.

여기까지가
짧은 전반전이다.

그보다 긴 후반전은
피가 튀는 혈전이다.

수많은 경쟁상대와 겨뤄 살아남아야 한다.
보이는 사람, 보이지 않는 사람 모두 경쟁상대다.
모두들 앞에서는 웃지만 뒤에는 시퍼런 칼날을
숨기고 있다.

오래전에 만화 시장에서 있었던 일이다.

큰 출판사 두 곳에서 전국 만화시장을 쥐락펴락하고 있었다.

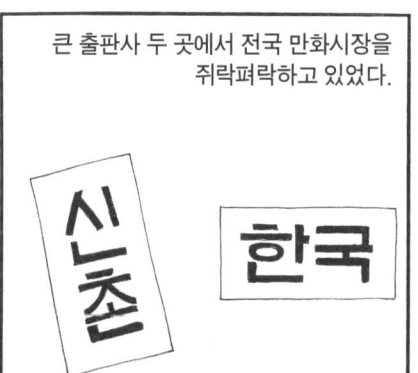

소위 '세트 판매'라고 해서 인기 작가 만화에다 비인기 작가 만화를 묶어서 판매했다.

골라 사면 안 팔아!

만화가게는 울며 겨자 먹기로 출혈 구매를 할 수밖에 없었고

출판사는 비인기 작가 만화를 인기 작가 만화만큼 팔았으니 적은 원고료를 주고 많은 이익을 얻고 있었다.

제 만화 많이 팔렸으니까 원고료 인상을….

많이 팔린 것 하고, 인기 있는 것 하고 다른 얘기야.

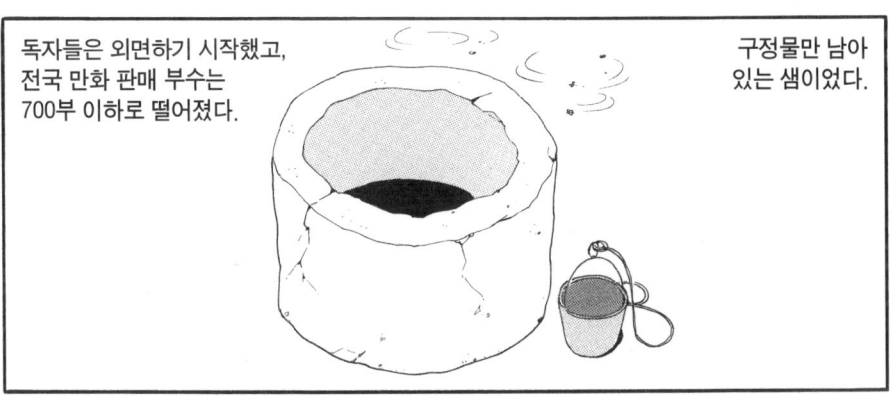

그러던 어느 날 드디어 사건이 벌어졌다.
새 출판사 캐비닛 안에 들어 있던 만화 원고가 몽땅 없어진 것이다.
총알이 없어진 것이다.

다시 만화를 그린다 해도 그 공백을 메울 시간이 없었다.

새 출판사에 투자했던 사람의 전세가 기울자 기존 출판사의 회유에 넘어가 캐비닛을 열어 줬던 것이다.

투자 원금을 보상해줄 테니 넌 빠져.

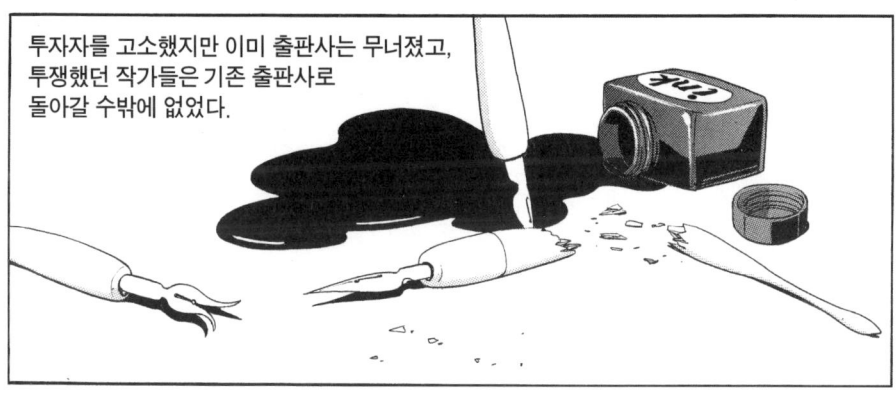

투자자를 고소했지만 이미 출판사는 무너졌고, 투쟁했던 작가들은 기존 출판사로 돌아갈 수밖에 없었다.

암울한 만화판은 그 뒤 몇 년 간 더 계속됐다. 돈이 많은 자의 승리였다.

착하게 사는 것, 법을 지키며 사는 것도 중요하지만 그것이 부자가 되는 방법은 아니다.

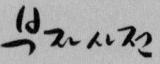

# 17

# 큰손들의
# 부동산 투자 노하우

"어떤 면에서 부동산 투기는 필요악이다.
거품이 끼어야 경기가 좋아진다.
투기를 단속하는 정부도 그걸 잘 알고 있다."

— 서형준(임대업) —

부자는
어떻게 부자가 되었을까?

하지만 조사한 바에 의하면 자신 명의의 아파트가
여러 채인 사람은 '큰손'에 들지 못한다.

진짜 큰손들은 전면에 나서지 않는다.

누구도 알 수 없게 시장에 들어갔다가
흔적을 남기지 않고 사라진다.

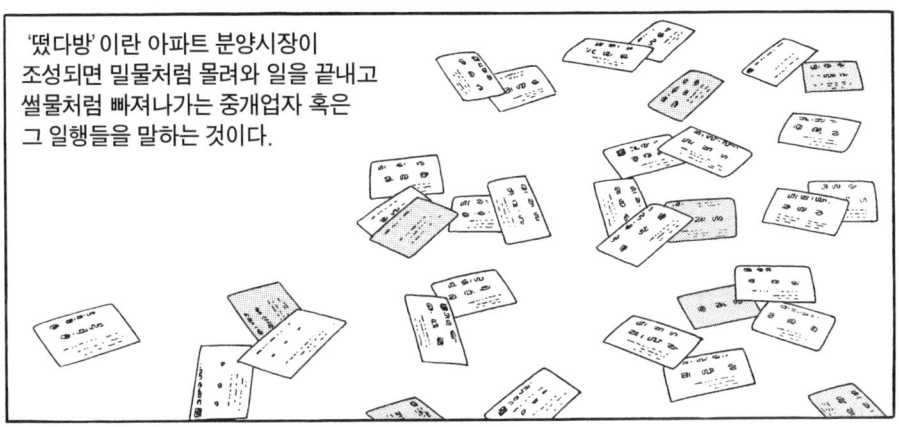

더구나 분양권 전매 금액이 실제 거래된 대로 신고하는 경우는 거의 없다.

연 씨는 분양권 전매 외에도 청약통장 매매를 한 적이 있다고 한다.

불법을 저지르지도 않고 불법을 저지를 것도 없는 안부자들은 부자들의 이런 행태를 멸시한다.

하지만 개의치 않는다.

어떻게 해서 돈을 벌었는지 아는 사람은 극히 드물다. 어딜 가나 부자니까 대접받는다.

계약금과 중도금을 두 차례 낸 뒤에야 전매가 가능해졌다.

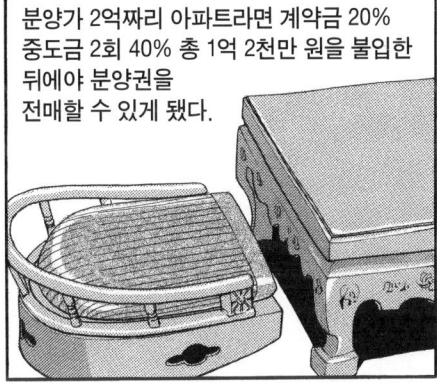

분양가 2억짜리 아파트라면 계약금 20% 중도금 2회 40% 총 1억 2천만 원을 불입한 뒤에야 분양권을 전매할 수 있게 됐다.

2억짜리 집을 1억 2천만 원 붓고 기다리는 동안 분양권이 크게 오르지 않으면 남는 게 없으니 아파트 장사가 끝났다는 얘기죠.

요즘 천정부지로 올라가는 아파트 값을 몰랐던 그 이전의 판단이다.

게다가 분양권 전매행위가 걸리면 2년 이하의 징역 또는 2천만 원 이하의 벌금형을 받아요.

작은 이익 노리다가 호적에 빨간줄 그을 수 있나요.

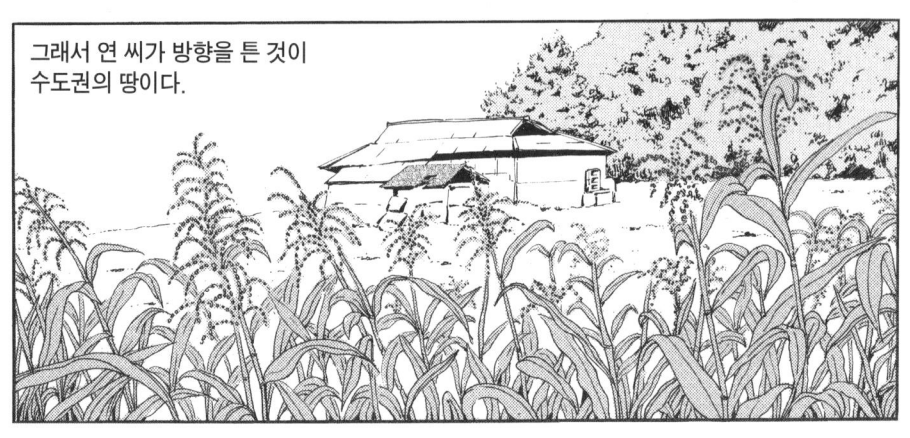

그래서 연 씨가 방향을 튼 것이 수도권의 땅이다.

파주 ○○면, 남양주 ○○, 양평 ○○인터체인지 쪽이 좋습니다.

제2외곽순환 고속도로가 건설되면 이쪽이 집중적으로 개발될 겁니다.

돈 있으면 땅 사세요. 땅 사서 묻어놓으면 손해는 안 봅니다.

땅을 보는 방법이 있다.

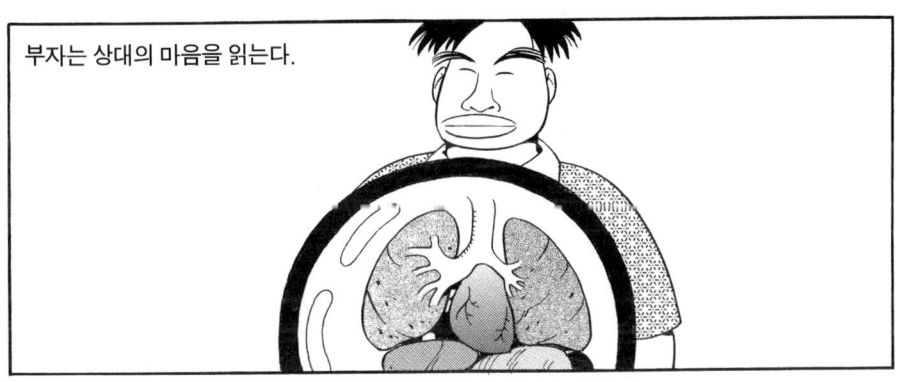

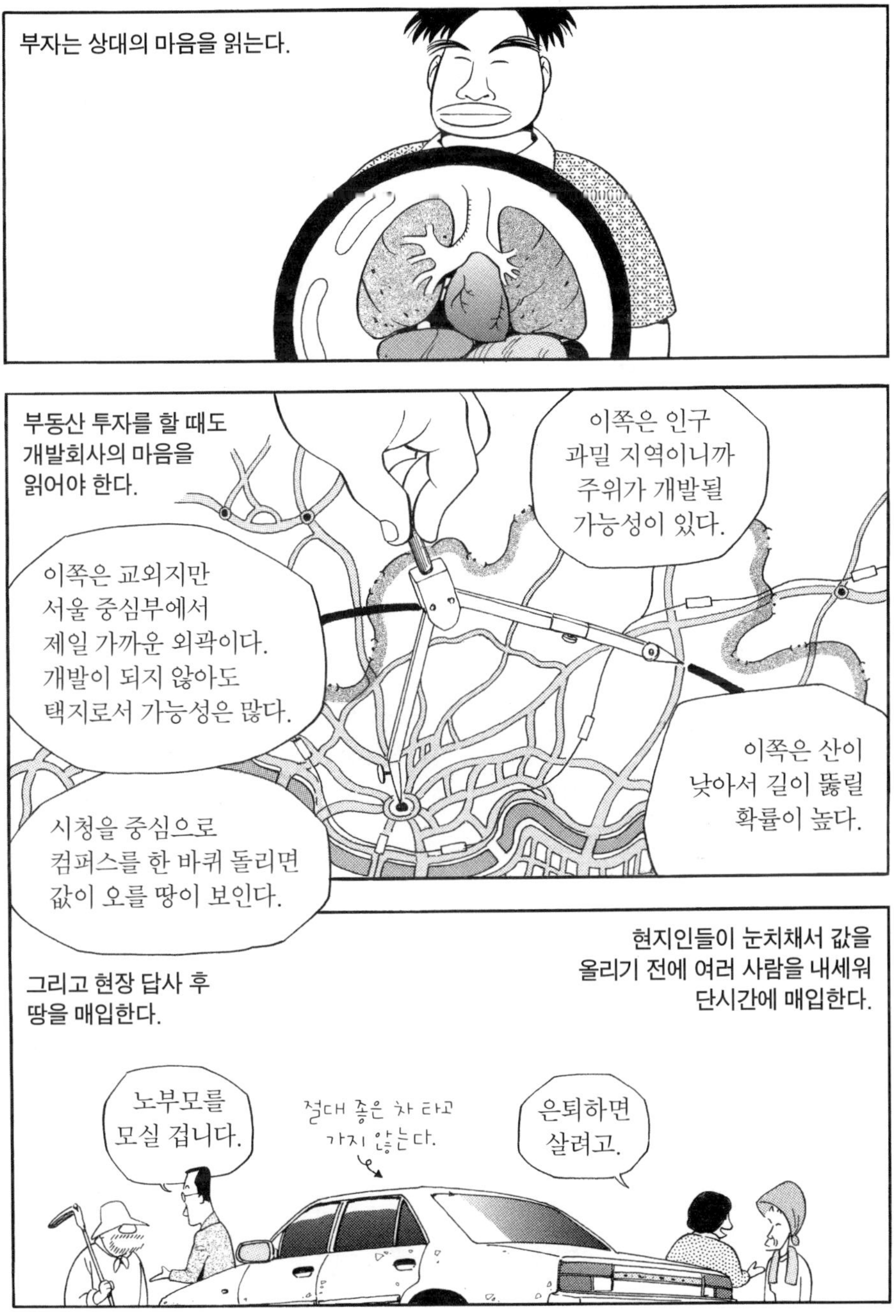

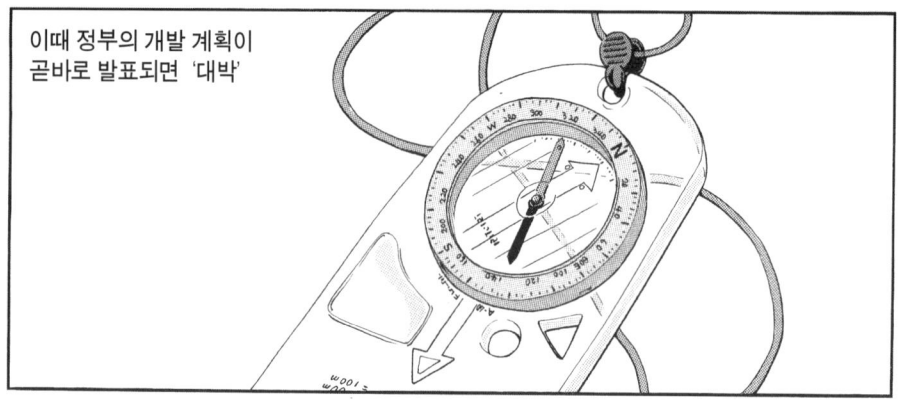

이때 정부의 개발 계획이 곧바로 발표되면 '대박'

시일이 오래 걸려도 부자들은 조바심내지 않는다.
그곳에만 꼭 매여 있지 않기 때문이다.

아파트도 마찬가지다.

분양가가 5억 이었던 아파트가 금방 20억! 미쳤어!

그러나 현실이다.

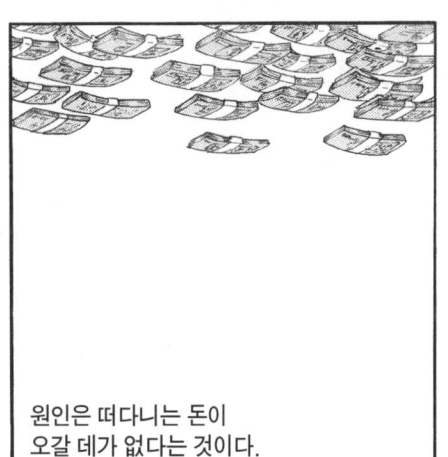

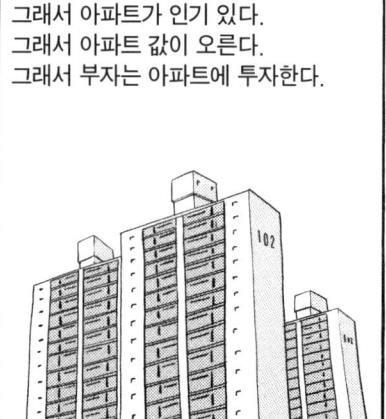

정부의 부동산 정책은 오락가락이다.
경기에 따라 좌지우지하기 때문에 일관성이 없다.

1997년 전까지 정부는 부동산 투기를 막겠다며 '1가구 2주택', 과소비를 막겠다며 '1가구 2차량'에 대해 세금을 무겁게 매기겠다고 칼을 갈았다.

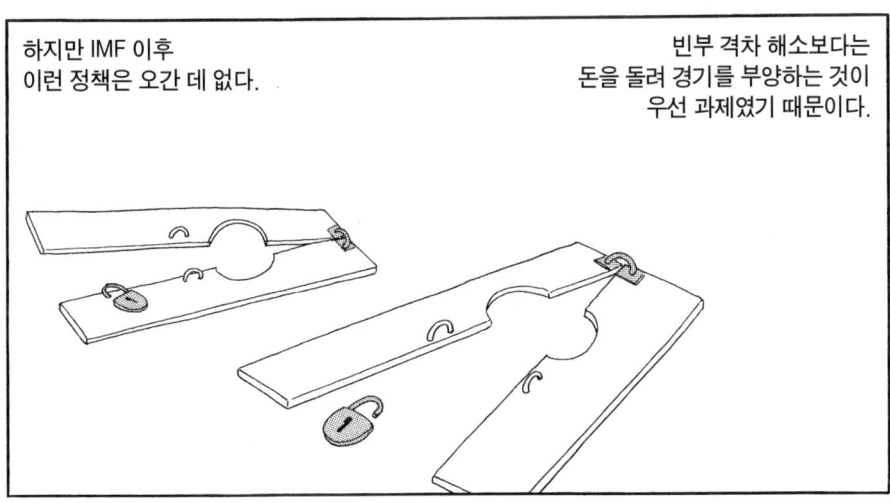

하지만 IMF 이후 이런 정책은 오간 데 없다.

빈부 격차 해소보다는 돈을 돌려 경기를 부양하는 것이 우선 과제였기 때문이다.

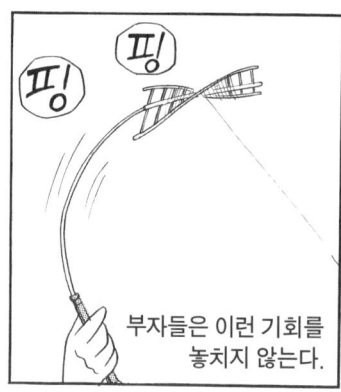

부자들은 이런 기회를 놓치지 않는다.

그래서인지 부동산 투자*는 곧 투기*이고, 옳지 않은 재산증식 방법이라는 인식이 뿌리 깊다.

*투자(投資) : 일의 밑천을 댐.  *투기(投機) : 기회를 따라 행동함.

값이 오를 걸 예상하고 샀다가 값이 오르면 되파는 대표적 투자 종목이 증권인데도 '증권 투기'라는 말은 없다.

투기라는 말뜻같이 정부의 정책이 빈틈을 만들어 줌으로써 부동산으로 부자가 된 사람들은 비정상적인 부자로 인식된다.

어쩌다 내 땅으로 길이 나서 불편해 죽겠구만 욕까지 먹는디야.

아부지, 인제 농사일 그만혀도 되잖여유.

얼마 전에 나온 뉴스.

공사가 한창 진행인 곳에 주택 하나가 가운데 버티고 있었다.

소위 '알박기'

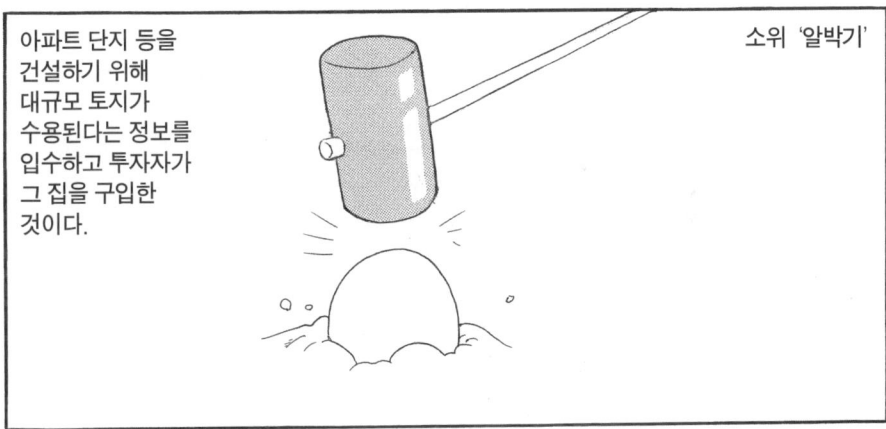
아파트 단지 등을 건설하기 위해 대규모 토지가 수용된다는 정보를 입수하고 투자자가 그 집을 구입한 것이다.

이 방법은 오래전부터 있었던 고전적인 수법이다.

개발업체는 그 땅을 사지 않고서는 계획을 진행시킬 수 없다.

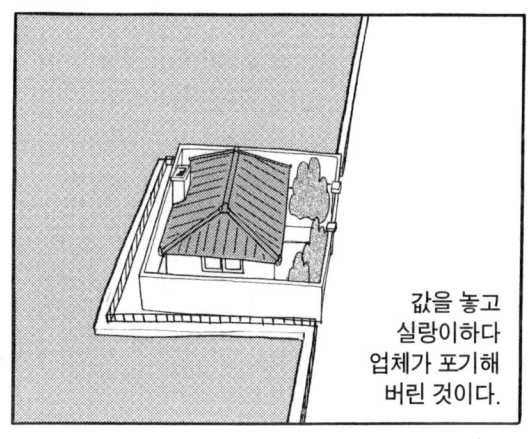

값을 놓고 실랑이하다 업체가 포기해 버린 것이다.

정확히 중심에 알을 박는 안목이 중요합니다.

남 씨는 러브호텔을 두 곳 가지고 있다.

직접 운영하세요?

천만에요. 옛날에는 여관 운영을 맡겨 놓으면 수입은 종업원 몫이라는 얘기가 있었지만 요즘은 컴퓨터가 있어서 몇 번 회전했는지 손바닥 보듯 하니까 위탁운영 하지요.

러브호텔 운영하는 것도 창피해서 우리 아이들한테는 얘기도 하지 않았어요.

돈 있으면 목 좋은 곳에 러브호텔 해보세요.

부자는 항상 표적이 된다.

험한 부동산 시장에서 거래를 주선하겠다고 찾아오는 사람 중 절반이 사기꾼입니다.

그래서 사전 지식을 갖고 매사 꼼꼼하게 따져 봐야 합니다.

부자들은 살고 있는 집을 재산으로 치지 않는다.

집은 마지막까지 가족들을 지키기 위한 공동의 방어벽이니까 건드리면 안 된다.

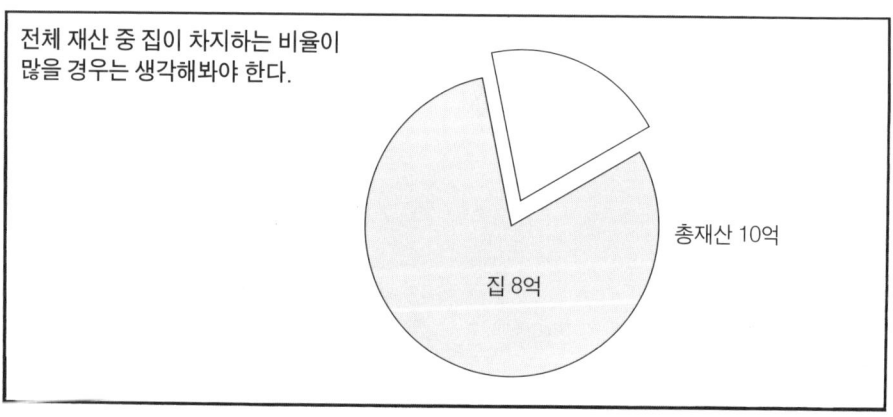

부자사전

# 18

# 거꾸로 생각하라

"별다른 비법이 있는 것이 아니다.
남들이 가위 낼 때 바위를 내면 되고 바위를 낼 때 보를 내면 된다."

— 성재철(조명매장 운영) —

부자가 되려면 안목이 있어야 한다고 여러 번 얘기했다.

경기의 흐름을 읽는 안목을 길러야 한다.

경기의 흐름을 읽을 수 있는 안테나를 높이 세워야 돈을 벌 수 있고 투자 손실도 최소한으로 줄일 수 있다.

부자들은 항상 경기의 흐름을 좇고 있다.

대형 출판사 사장 김 씨.

그리고 몇 년 뒤, 김 씨의 예상대로 됐다.

200억 정도의 은행 융자금을 기한 내에 갚고 난 지금 IMF 전보다 몇 곱절 부자가 되었다.

전쟁은 영웅을 만든다.

위기는 기회를 만든다.

휴지가 없을 때는 어떻게 해야 할까?

경기 흐름을 알 수 있는 가장 쉬운 방법은 신문을 보는 것이다. 부자들은 신문을 여러 개 본다.

경제신문을 하나쯤 보는 것이 좋다.

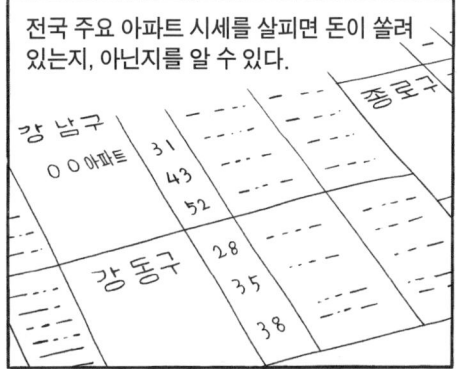

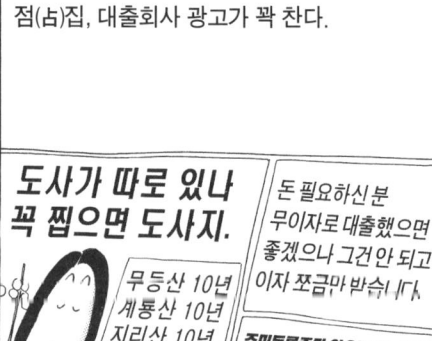

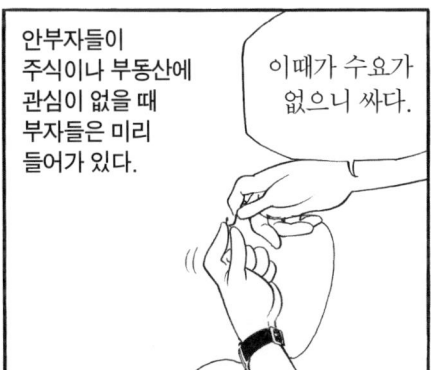

*개미 투자자 : 개인 소액 투자자.

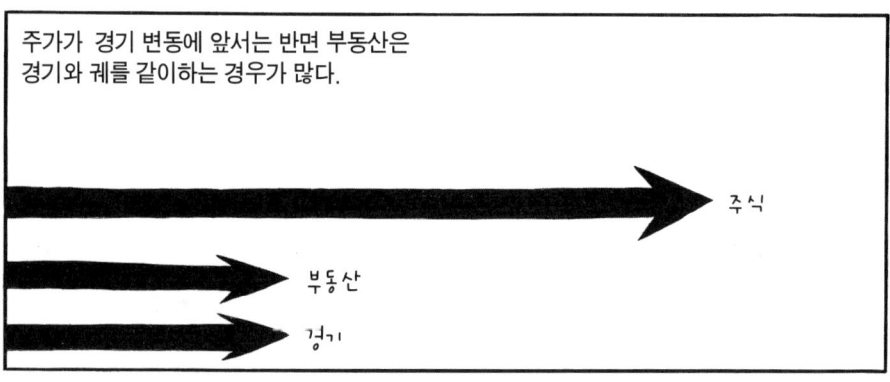

부자가 싸게 사서 비싸게 판 것을
안부자는 은행 빚, 친지 빚까지 얻어 산다.

부자는 회수한 현금으로
다음 투자 밭을 찾는다.

부자가 되고 싶다면 그들의 가위바위보
기술을 배워야 한다. 그러나 부자들의
기술은 상당한 수업료와 고통과 인내라는
대가를 치른 후에야 얻은 것이다.

자수성가한
부자들 역시
처음에는
손해를 많이 본
사람들이다.

부자들에게도
'초보운전'
시절이 있었다.

부자사전

# 19

## 투자에 부화뇌동은 없다

"하늘만 바라보면서 농사짓는 사람과 물길을 내어놓고 농사짓는 사람 중에서 누가 더 많은 수확을 거두겠는가!"

― 최충호(저축은행 설립자) ―

당연히 후자의 수확이 더 많다.

이렇듯 투자에도 성공을 하는 법칙이 있다.

증권 투자자들이 자주 들먹이는 말이다.

루머에 사서 뉴스에 팔아라.

루머 수준에서 남들보다 빨리 사고 그 종목에 대한 뉴스가 나와 공식화될 때 팔라는 얘기다.

뉴스를 좇아 투자자들이 몰려들어 주가가 뛰니 이때 손을 털라는 그럴싸한 전략이다.

'루머'는 말 그대로 '소문'이다.
소문은 진짜와 가짜가 있다.

증권사 지점장 출신 허 씨.

루머를 어떻게 믿어요?

저도 처음에는 정보를 수집한답시고 귀를 쫑긋 세우고 루머를 수집해서 투자했는데 대개는 세력이 붙어 있어서 이용만 당했어요.

루머 뒤에 뭐가 숨어 있는지 보는 안목이 있어야 한다.

안목이 없으면 루머를 무시하는 게 낫다.

*부화뇌동(附和雷同) : 줏대 없이 남의 의견에 덩달아 같이 행동하는 것.

*천기누설(天機漏泄) : 하늘만큼 큰 비밀이 새어나감.

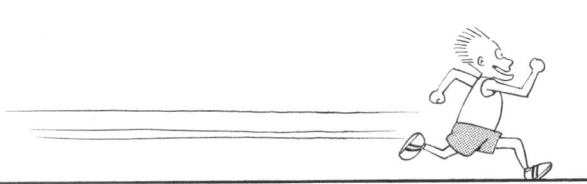

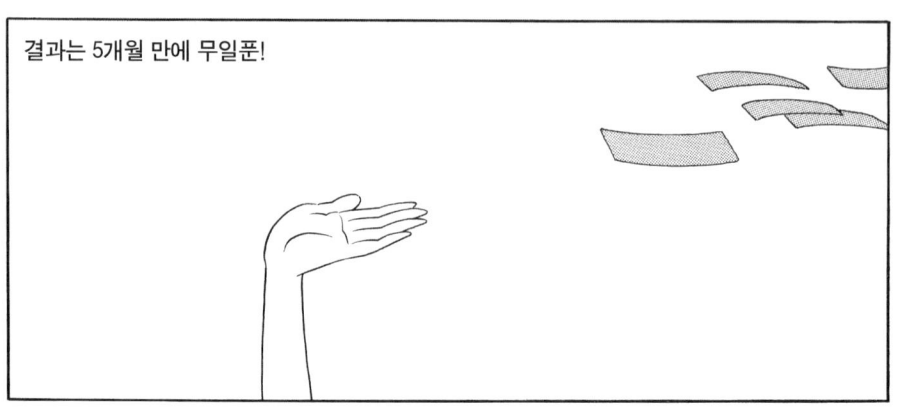

결과는 5개월 만에 무일푼!

열심히 한다고 투자에 성공한다면 부지런한 사람은 모두 성공할까?

아니라니까!

5명의 투자 마인드는 이랬다.

직장에 다닐 때는 기본 생활비가 월급으로 보장되기 때문에 주식 투자는 취미였다.

가볍게.

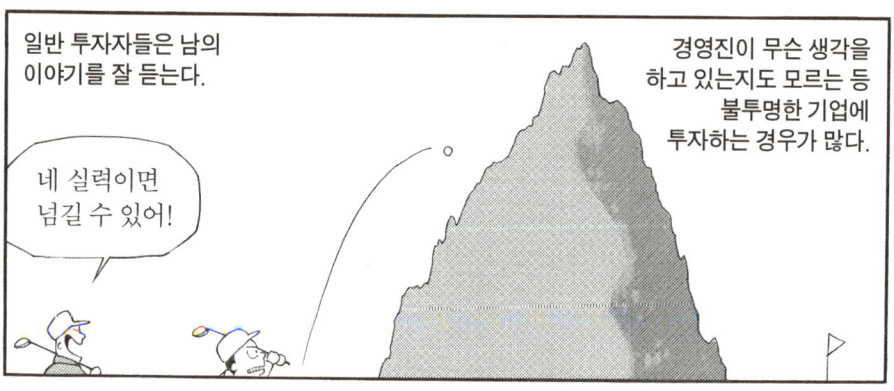

부자사전

# 20

# 돈은 머리가 아닌 발로 벌어라

"이상한 것은 사람들이 움직이지 않는다는 점이다.
돈을 벌고 싶어 안달을 하면서도 자기 동네 분양사무소도 가보지 않는다."

— 이준수(공인회계사) —

여러 유형의 운동선수가 있다.
❶ 머리로 하는 운동선수.
❷ 몸으로 하는 운동선수.
❸ 머리와 몸으로 하는 운동선수.

❶은 이론은 해박하지만
몸 단련을 게을리한다.
선수형보다는 코치형이다.

❷는 죽으나 사나 몸으로 때운다.
남들 쉴 때 연습 더하면 따라잡을
수 있다고 생각한다.
그러나 머리가 따라주지 않아
반복 연습한 운동만 할 줄 안다.

❸은 이론을 밑에 깔고
몸을 효과적으로 단련시킨다.
적은 시간에 집중적으로
운동해서 효과를 배가시킨다.

❶과 ❷는 부자가 될 수 없다.
❶형은 큰 회사의 기획실에
❷형은 영업부에 필요한 사람들이다.
❸형은 ❶과 ❷형을 거느릴 수 있는 부자다.

부자들은 말한다.

이상해요. 사람들이 움직일 생각을 안 해요.

돈을 벌고 싶어 안달을 하면서도 동네 분양사무소도 가지 않아요.

흔히 좋은 아이디어나 기술력이 있는 제품이 나오면 바로 히트칠 수 있다고 생각한다.

그러나 아무리 좋은 제품이 나와도 시장과 맞지 않으면 좋은 결과가 없다.

악!

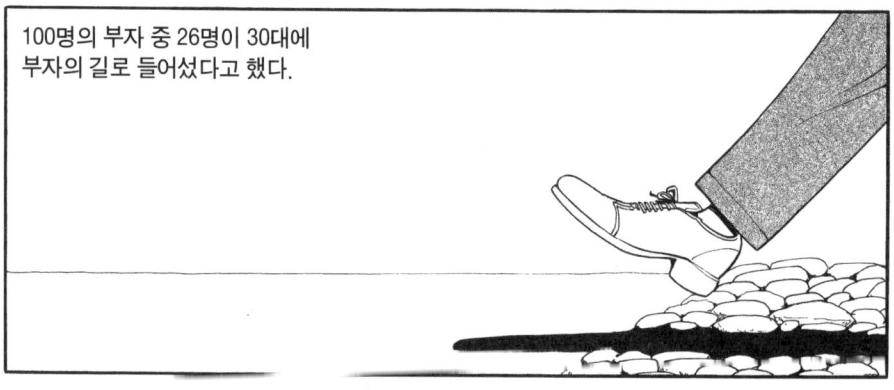

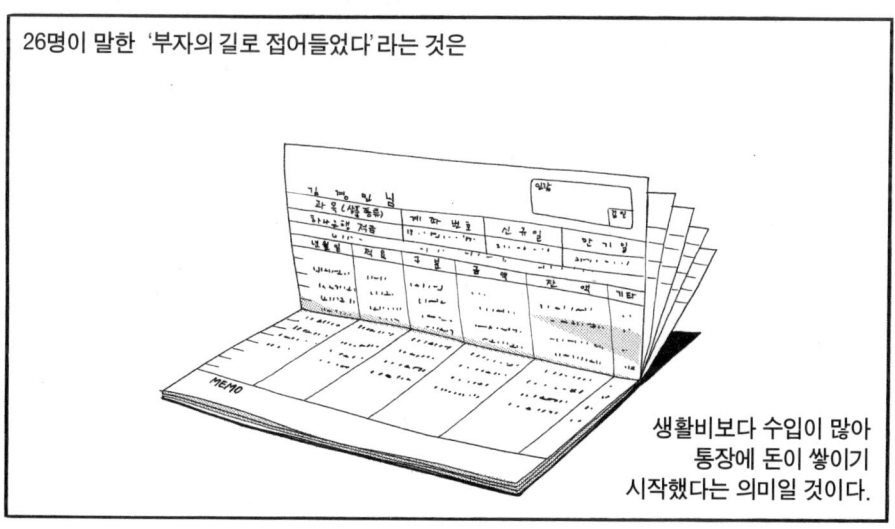

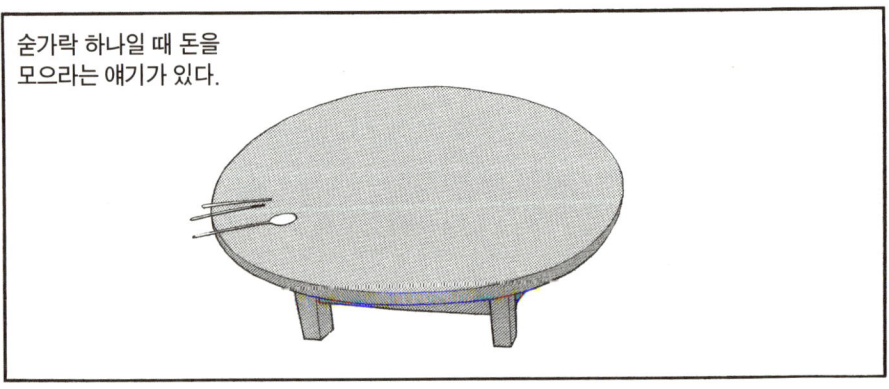

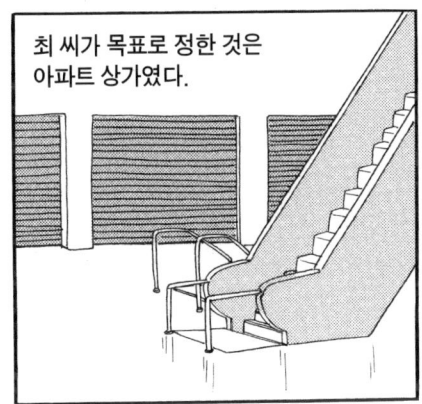

중도금 치르느라 고생했는데 잔금 낼 때가 되니까 세상이 뒤집어졌다.

최 씨의 상가 주변에 대형 건물이 들어서면서 그 일대가 오피스 단지로 개발된 것이다.

대기업들이 사옥을 세우고 계열사들을 입주시켰다. 상가는 먹자빌딩으로 변했고, 최 씨 소유점포 값은 크게 치솟았다.

재미 중에 최고 재미는 돈 쌓이는 재미 아닙니까!

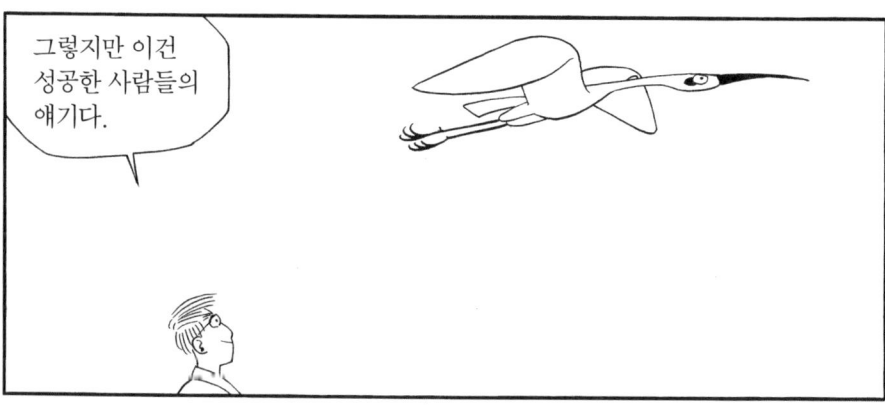

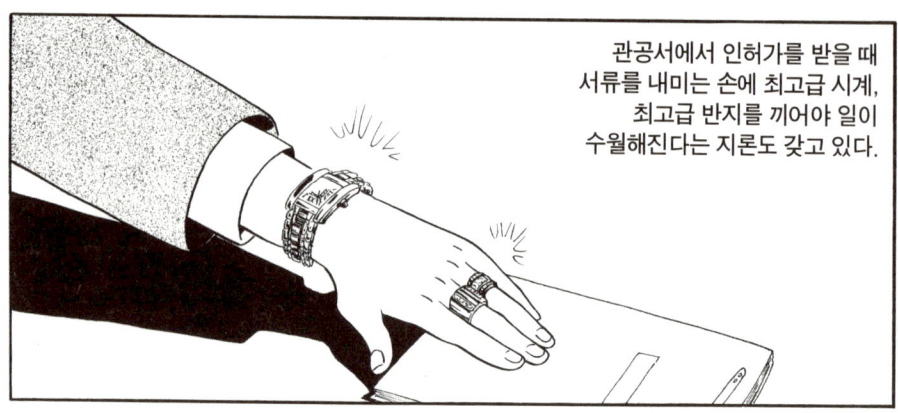

관공서에서 인허가를 받을 때 서류를 내미는 손에 최고급 시계, 최고급 반지를 끼어야 일이 수월해진다는 지론도 갖고 있다.

부자가 되려는 것은 돈에 구애받지 않고 살겠다는 것이지 돈을 쌓아 놓고 쳐다만 보고 있겠다는 것이 아니다.

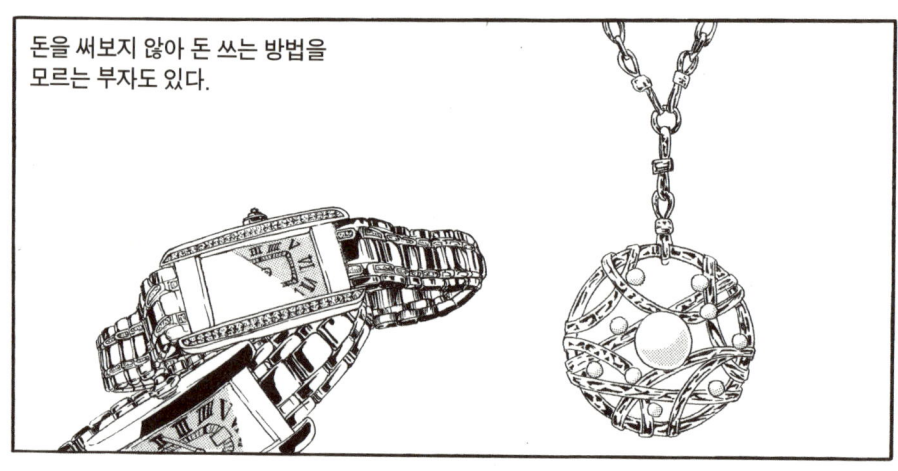

돈을 써보지 않아 돈 쓰는 방법을 모르는 부자도 있다.

아무 생각 없이 농사만 짓던 농부가 강남이 개발되면서 100억대 부자가 되었다.

그러나 그 농부는 돈 한 푼 못 써보고 죽었다.

제주도 놀러 갔다가 여관방에서 연탄가스 중독으로….

강남에서 중고 오디오 사업을 하는 안 씨.

안 씨처럼 10원 1장까지 정확히 빨리 계산하는 사람은 처음 봤다.

중고를 구입해서 마진을 붙여 되파는 입장이라 당연할 수도 있다. 느낌은 '너무 돈을 좇아다닌다'였다.

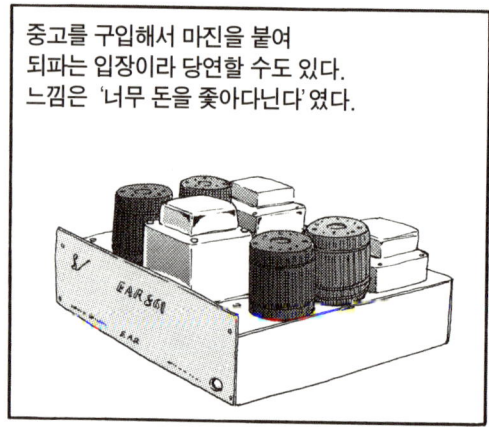

15년이 지난 지금 안 씨는 똑같은 자리에서 달라지지 않은 모습으로 여전히 10원 단위까지 계산하고 있다.

부자의 팔자소관은 따로 있지 않나 싶다.

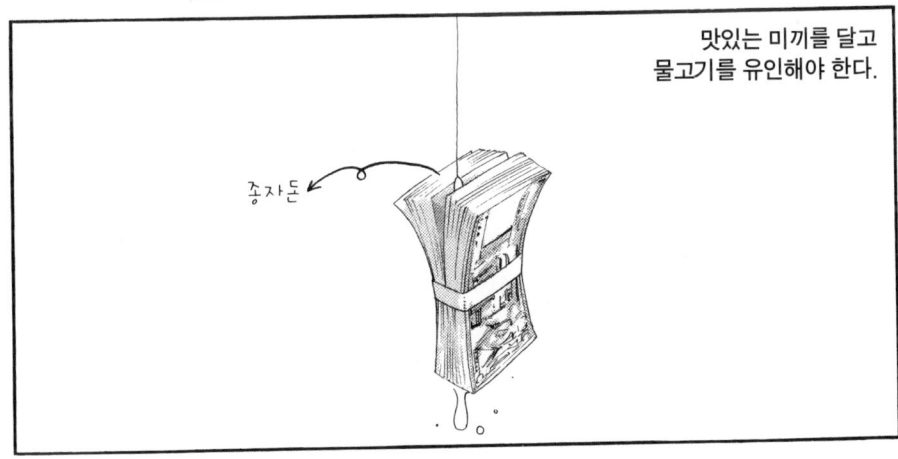

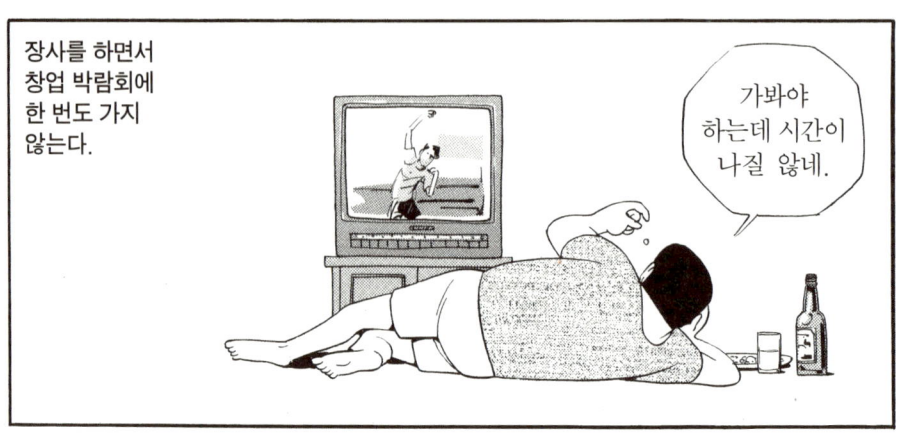

# 허영만 부자사전 1

**초판 1쇄 발행** 2005년 4월 25일
**초판 82쇄 발행** 2025년 12월 12일

**지은이** 허영만
**펴낸이** 최순영

**출판1 본부장** 한수미
**와이즈 팀장** 장보라

**펴낸곳** ㈜위즈덤하우스  **출판등록** 2000년 5월 23일 제13-1071호
**주소** 서울특별시 마포구 양화로 19 합정오피스빌딩 17층
**전화** 02) 2179-5600  **홈페이지** www.wisdomhouse.co.kr

ⓒ 허영만·한상복, 2005

ISBN 978-89-89313-53-3 04320
     978-89-8931-355-7 (세트)

- 이 책의 전부 또는 일부 내용을 재사용하려면 반드시 사전에 저작권자와 ㈜위즈덤하우스의 동의를 받아야 합니다.
- 인쇄·제작 및 유통상의 파본 도서는 구입하신 서점에서 바꿔드립니다.
- 책값은 뒤표지에 있습니다.